超表達力，

說得「懂」
也要說得「動」！

瑞昇文化

前言・作者的話

我本身在這8年之中，每年將近有250天以上的日子，都在忙著進行各式各樣的商業研修活動。

參加過研修課程的公司包含：致力於人材開發的日本知名大企業、和以滿足顧客需求為最高宗旨的世界級國外奢華品牌。有的是製造原廠、有的是顧問公司，服務的對象包羅萬象，當中受講者的身份更是由公司負責人至新進員工，範圍涵蓋甚廣。

其中，不論是第一線營業人員、經營顧問、還是超級推銷員，大家都不約而同地選擇一個為期兩天的**『簡報研修』課程講座，受歡迎的程度可想而知**。

本書擷取課程精華內容，為您傾囊相授——公開演說的精髓與要領。由我本人親自參與製作，同時擔綱**腳本**、**主演**、**導演**的工作。收錄著許多當各位在實際面臨演說場面時，能夠直接套用的方法。那些無法理解的時間『間隔感』、大綱組織方法、以及開場白・結語的應用技巧，請試著透過本書實際體驗一下。

「上台恐懼症大概永遠都治不好吧……」正為此感到絕望的你。

「私下練習時都說得非常好，一旦正式上場卻控制不住緊張發抖……」因而煩惱的你。

請務必將本書翻閱至最後一頁。

相信你一定也能充分感受到，自己的表達方式正逐漸產生轉變。

當表達能力獲得改善後，周遭人們的評價也會跟著不同。

本書將協助你徹底跨越上台恐懼症・口才拙劣的障礙——本人自信之作，誠心向您推薦。

【直接應用於職場上，隨書附上實用範例】

「超表達力，說得懂也要說得動！」

徹底治療上台恐懼症、笨口拙舌等症狀！

目次

目次

【LESSON 2】

成功引起聽眾興趣的「大綱」構成法則

【LESSON3】

外貌與說話談吐的『表達技巧』決定九成勝敗！

【LESSON 4】

成功駕馭「3分鐘」，即使日後面臨一對一商談、或1小時簡報也都能迎刃而解！

[Welcome to the camp!]

歡迎蒞臨女王的教室

不要放棄！克服上台恐懼、口才拙劣的症狀

對於發表演說，你是否感到相當棘手呢？

但是近期內又面臨非做不可的緊要關頭。基於「無可避免」、「必須想個辦法」、「不如死馬當活馬醫！」等理由，因此，這本書才會出現在各位手中吧！

朝會、會議、歡送會的企劃競賽。有在職場上工作的人，對於在眾人面前說話這件事應該不陌生。或許當中也有人曾受邀在後輩的結婚喜宴上致辭的經驗吧！

「我明明不擅長這種事……」「為什麼偏偏找我呢……」「啊──煩透啦」

──這本書簡直就是為你量身打造的演講教室。

首先，請徹底將「不擅長」的想法給通通拋棄掉吧！

「不可能、不可能！我的上台恐懼症真的非常嚴重」

──放心。絕對幫你治好上台恐懼症。

「與其說是不擅長，倒不如說是能避就避……」

——太可惜了！難道你不想趁此機會，真正消除口才拙劣的障礙嗎？

只需牢記基本原則，並稍微改換視野即可達成。無論是至今已閱讀過無數訓練書刊的人、抑或是光讀書就覺得苦不堪言的人都無妨，只要有心去做肯定可以改善。

從現在起，請各位確實按照我傳授的方法去嘗試看看。正確地付諸實行，而當有一天能夠正式派上用場並親身感受到它的成效時，保證一定進步良多。

外商公司的菁英總能落落大方地在人前發表言論之理由

沒有任何人是打從一出生就很會說話。同樣的道理，也沒有人從一出生就不擅長說話。需要的只是：正確的技巧與訓練。最好的方法就是在聽眾面前實際應用，並在當下，回顧審視自己的成果。若天真想著『先偷偷躲起來練習，等技巧熟練之後再讓大家驚豔……』這種人，一輩子都不會有進步的一天。

想當然爾，事前準備功夫絕不能馬虎。必須「獨自秘密進行」的事情也有很多。此外，最好能夠多方累積「在人前說話的實戰經驗」——這才是關鍵所在。

許多人會認為「日本人原本就不擅長公開發表」，然而意思並不是指：身為日本人，所以才會如此笨拙。其實原因很簡單，這只是沒有訓練過，抱著「習慣成自然」的想法，而沒有受過正確的技術指導而已。有此一說：「口才很好的人多半都不正經」，其實也不過是推卸責任的藉口罷了。

我本身在外資企業服務過，且目前主要的**客戶群有六到七成左右也都是外商**。沒錯，在這些企業中有資格被稱之為『菁英』的人物，確實都十分擅長發表。他們深深明白『公開談話』是多麼重要的一件事。正因為**痛徹體悟過在人前開不了口的壞處**，才更加努力地學習並積極在群眾面前展現自我——不斷嘗試、累積臨場經驗，因此才能成功。

我曾聽過這麼一段故事。

「一項針對美國人所做的『百大恐懼來源』統計調查中，你認為第一名會是什麼呢？官司訴訟？NO。大家最害怕的事情榜首居然是：在大眾面前說話！」

這是千真萬確的事情。雖然在我們印象中，美國人好像總能不急不徐地表達出自己的意見與想法，但卻從未想過，其實他們的內心也都非常害怕、緊張不已。

「再怎麼緊張也要表現得從容不迫，因此，我們更需要以完美技巧武裝、自我特訓。」

明明不擅長公開發表，但現在又非做不可——大家幾乎都是已被逼入絕境，才想要死馬當活馬醫吧！這是絕佳的機會，就從今天開始進行特訓吧！

研修現場立即展現成效。每個人都辦得到！

……做好心理準備了嗎？剛剛聽到「女王的特訓」，內心是否感到一絲畏懼呢？

但是為了要趕快看到成果，我必須嚴格鞭策各位。記住，請勿說出「我做不到」這類的話。

只要認真學習，每個人都會進步，而且效果相當顯著——我敢保證。

首先，請試著抓住所謂3分鐘演說中『3分鐘』的感覺。自此章節第14頁一開頭的「對於發表演說，你是否感到相當棘手呢？」這句話算起，至第17頁中的「就從今天開始進行特訓吧！」為止，大約就是3分鐘。其實比想像中來得簡短吧！

研修時也是，我們會使用碼表計算實際的說話時間，起初幾乎大部分人都無法在時間內完成。雖說嚴守時間觀念並不是整場演說的重點所在，但內容太過冗長的話，很難讓人聽得進去。就算題材再好、內容多麼重要，一旦無法引起觀眾聆聽的意願，根本毫無意義可言。一場能夠緊緊抓住聽眾的心，並確實在3分鐘內完成的優異演說，才是我們今後努力的目標。

這本書，其實是取自**本公司原創，一個為期兩天的「簡報研修課程」為基礎**所延伸編寫出來的內容。我本身從事的工作大部份以傳授商業溝通技巧為主軸，進行著各式各樣的研修指導，而這可說是當中最具人氣的單元之一。

該研修課程屬於**小班制**，全體學員**在兩天活動內總計各獲得3次**實際演練簡報的機會。採取全程錄影的方式，每個人都可以即時觀看自己的表現，從第一天晚上開始就有作業必須完成。研修的過程確實相當嚴苛，然而**人氣卻依舊居高不下**，我想原因歸功於它同時也是**最能夠「改變自我」的一個研修課程**吧。

一次兩次、兩次三次，一點一滴地產生變化，展現出成果。確實如此，當我們觀看第一次的簡報練習時，內心也曾浮現過「這個人或許很難有所突破呀……」的想法。

然而事實證明，每次的擔憂都是多餘的。即使是「極度不擅長在群眾面前說話」的人，經過第三次練習後，也會呈現出明顯差異。

簡報研修課程所帶來的驚人變化，我想只有學員們自己才有辦法感同身受。承蒙各位的參與，對身為講師的我而言亦感到與有榮焉。——本書濃縮課程的精華內容，所有技巧一次大公開，專為「3分鐘演說」而設計。

完成一場讓人『記住長相＋喊得出名字』的動人演說

基本功夫固然十分重要，但一段過分拘泥於形式的演說，無法正中聽眾的內心。就演說而言，個人特色也是不可或缺的要素。

盡量表現出自我——話雖如此，但所謂自我風格的定義卻令人困惑。究竟是個性十足、還是我行我素呢？兩者之間可說是相距甚遠。更何況，將自己置身於赤裸裸且毫無防備的狀態，並不等於真實的自我。恐怕只是單純的準備不周吧！

高爾夫球也是，不努力練習的話無法使球技精進。如果一開始就照自己的方式揮桿，很容易養成不良的習慣。等到想要導正過來的時候，起先也一定會相當不適應。尤其是那些自認為「打得還不錯」的人，更加難以改正——因此才不會進步。演說也是同樣的道理。

但只要反覆練習標準姿勢，彆扭的感覺會慢慢消失。揮桿姿勢優美，相對地揮空桿的機率也隨之降低。你可能會發現自己「即使飛行距離不夠遠，但推球的精確度變高」、或「能夠順利將球擊向目標方向」……，各方面的進步，像這樣穩紮穩打地發揮個人實力與特色，才足以構成真正的自我風格。

擁有基本技巧之外，還必須添加入自己的個性及色彩，讓我們以完成一場讓人記得住長相、喊得出名字的出色演說而努力吧！

為此，我準備了5個課程。

在第5課中，我提供7種的3分鐘發表情境，並親自做示範。

只要認真學習，會發現每週一早晨的朝會時間慢慢變得有趣起來。不但自己變得侃侃而談，對方也聽得趣味盎然，遇到必須在會議中發言的場面時，也能夠吸引大家抬起頭來專注聆聽。

若能創出獨特的自我風格，即使日後面對全新的客戶，你的名字及長相也容易令人產生深刻印象。在提案給客戶或上司時，也能夠快速獲得青睞。

充滿個人特色的說話方式，有助於提高評價。這就是此特訓的最終目標。

還等什麼，趕快開始進入正題吧！

［特別講座］

正式上場前3分鐘的緊急應變技巧

沒時間看書了！

——專為這種人所設計的速成法

事前的準備非常重要，練習也不可馬虎——這些道理我們都明白，然而一定也有那種發表日期迫在眉梢，現在正面臨著緊要關頭的人存在著吧！即使沒有多餘的時間接受特訓，還有一個救急的方法！就算離正式上場只剩3分鐘時間，也能立即提昇你的演說水準。

首先，整理儀容服裝。

如果自己一直非常介意外表的話，便無法集中精神說話。因此，上場前請先在廁所內，對著鏡子好好檢視一番吧！「很好！完美極了！」，唯有取得自己的認同後才有辦法大大方方地說話。（至少那種心臟幾乎快要跳出來的感覺能夠獲得減緩，恢復一般期待又緊張的心情。）

也許有人會說：「那種情況之下，根本沒心思去管外表如何！」。話雖如此，但如果頭髮亂七八糟、或身上穿戴不合宜的華麗飾品的話，反而更容易使聽眾分心，無法專注於演說內容。

保持乾淨清爽的儀容，聽眾也能夠集中精神聽講。若能使聽眾專注於你的話題上，對於自己表達的流暢度也有幫助。因此，請務必確實做到這點。

以下列舉出幾個檢查重點，30秒鐘內即可迅速完成！

- □鞋子是否擦乾淨了呢？髒污的部分請儘快用面紙抹去。
- □上衣的鈕扣有扣好嗎？口袋會不會鼓鼓的呢？手機、鑰匙、筆記本……等物品在發表時不需要用到，請收在包包內。
- □領帶會太鬆嗎？徽章有沒有別歪呢？
- □頭髮有沒有亂掉？肩膀上有沒有頭皮屑或掉髮呢？
- □瀏海會遮住眼睛嗎？太長的話可以別上髮夾固定。
- □是否穿戴著過分顯眼的飾品，以致讓人無法集中視線於臉部呢？
- 主角應該是你的表情才對。請拿下身上不必要的物品。
- □口紅的顏色是否搭配合宜呢？臉妝會不會過於豔麗呢？
- 你的手錶、皮帶、包包等小配件是否適合在商業場合中使用呢？
- 自己無法辨別的時候，總之先取下吧！

整頓完服裝儀容後，接下來請找出**「中心思想」**。

透過今天的演講，絕對要傳達給聽眾知道的一句話。最好總結成一個關鍵字使用。這樣就算因緊張過度而腦中一片空白時，只要試著回想**「中心思想」**，也能夠立即將話題導回。

這同時也是為了整理出演講重點所做的準備。切記千萬不能貪心。這個、那個通通想要加進去，到最後卻發現根本沒有人在聽，那是因為一個人原本就無法一下子記住太多事情。

想要傳達的事項是複數的情況時，請先決定優先順位，並將**「最重要的一項」**牢牢記在腦海裡。比起演說流利順暢，更要讓聽講者**好好記取「中心思想」及「最重要事項」，收穫滿載的回家**。

另外，還必須準備一句「具有引導作用的話」，促使聽眾張開耳朵。例如：

- 試著**找出對方或許會喜歡的話**。
- 找出**最能夠貼近對方的一句話**。
- 回想**前次的情形**。

找出任一個能夠作為啟動對話的題材，便能輕鬆展開談話。

所謂對方可能會喜歡的話，意思指的是：演說對象所屬業界的用語、或經常使用的關鍵字句等。若與對象的關係較為親近，談些跟興趣有關的東西也無妨。遇到總是將「成本考量為重」這句話掛在嘴邊的人，不妨單刀直入，直接從成本話題切入重點吧！

假設在聽眾完全不認識自己的情況下，請試著找出能夠快速貼近對方的一句話。諸如：過往經驗、感情、課題……。只要擁有任一項共通話題，對方也能很快地進入狀況。

「我在這個領域中也有過3年的業務經驗。」

「○○先生前陣子真是承蒙您照顧了。」

「去年的數字，我也認為尚待加強。」

「世界級的顧客滿意度，是我們未來的發展目標。」

假設對象是見過幾次面的人，則盡量在談話中提及前次的內容。

對於曾受關照的人應以感謝的話語、添過麻煩的人則從道歉的話語來切入正題。除此之外，若是前次結束時有給聽眾留下習題的話，請仔細回想前次的內容，再延續至今天的演講主題。

道歉時不能以一句「真抱歉！」就草草帶過，

「由衷感謝各位願意再給我一次談話的機會」

「我帶著挽救方案再次回到這裡」等，

多添加一句解釋會更加恰當。

真的不曉得該說什麼話才好時，我認為什麼都不說其實也OK。勉強去說而表現得太過見外的話，反而會擴大彼此之間的距離感。當實在苦尋不著話題時，還有一個辦法可行。請善用身邊隨手可得的「小道具」，如：今天的報紙、樣品、參考資料等。

「大家都已經看過今天早上的報紙了嗎？」

「這是對手公司的新商品。出奇地輕巧。」

「這些都是我找到的相關資料。

今天我將從這疊資料中，挑出最主要的3個重點來進行說明。」

講完後稍微展示出來給大家看，隨後立刻收起來，進入主題。藉由小道具的輔助，可讓聽眾的視線暫時移開自己身上。「一直被人盯著瞧，搞得越來越緊張……」，有這種傾向的人非常適合使用。

最後，別忘了笑容。

容易「因緊張而導致臉部表情僵硬」的人，請嘗試對著鏡子練習微笑吧！

將食指貼在嘴角（嘴唇兩側）上，向外側平拉，接著再往上拉。（請參考左圖）。這就是最完美的笑臉形狀。

練習完後，將手指放開，大聲喊出：「**lucky!cookie!whisky!**」。在發出「ki」音的同時，**自然地往上揚起嘴角**。

完成放鬆臉部肌肉的步驟之後，準備工作即告一段落。

■笑容的作法

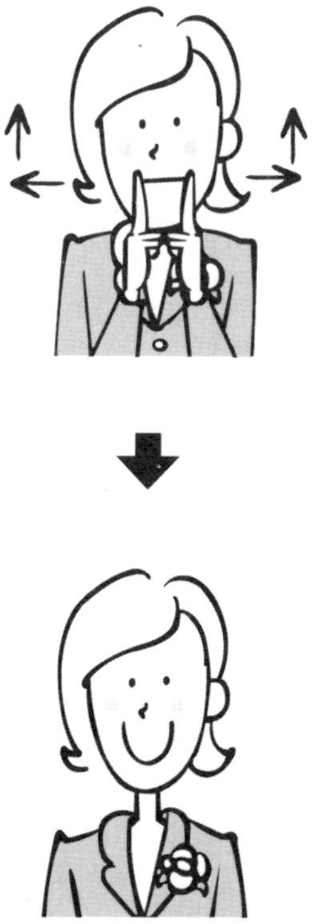

正式發表時，「look・smile・talk！」

演講時最令人緊張的時刻莫過於開場的時候。一旦在此自亂陣腳的話，所有事前的準備可能都要白費了。

站定演講位置後，「look・smile・talk」，停頓3秒鐘。在開始說話之前，請先將目光掃過台下最後排的聽眾，微笑示意之後才提高音量正式向觀眾問好。

「大家好！」「初次見面」——到此為止約費時3秒鐘。

向聽眾投出問候語之後，一邊在心中默數「1、2、3……」短暫的停頓一會兒，觀察看看對方的反應如何。台下有人會稍微點頭示意、也可能面無表情，反應大不相同。

沒有獲得回應也無所謂，只要幫自己做好心理建設，想著：「真是什麼狀況都會碰到啊……」就好。最後，再次將「今日中心思想」在腦海中進行最後一次確認之後，便可開始演說！

——時間差不多了。歡迎正式進入課程！

［課程指南］

具備公開演說3分鐘的實力，人生從此完全轉變！

發表演說為「展現」個人實力的最佳手段

演說至目前這個階段，各位是否都一一順利過關了呢？

是否都使用了貼近對方的話語、或對方偏好的話題呢？

「中心思想」，確實表達清楚了嗎？

在前面章節中已教導過各位，有關如何把握在「3分鐘」之內完成發表的小秘訣。然而，這終究只是個緊急應變措施。若以此方法套用在相同的一群聽眾身上，一次兩次或許還可以奏效，但到了第三次時就很難引起聽眾的興趣。因此，下一次發表時一定要做好充足準備，期許能夠達到盡善盡美的階段。

只要肯學習，每個人都會漸入佳境，越來越進步。我敢保證。

可是，學習過程並不簡單。雖然不容易，但這絕對是成為一名社會人所必備的基本技能。

能否在眾人面前好好地說完3分鐘，將對你今後的職場生涯產生極大影響。

因合併、收購計畫，使得原來的公司一夕之間突然轉為外資系企業，還調派一位新上司接管——這種情況已經不再罕見。

一旦上司或經營者產生變動，各自的稽核標準肯定也有所差異。身處在凡事講求效率的時代，會議型態也與過去傳統模式漸漸不同。若無法在短時間內清楚表達自己的想法、並給人留下深刻印象的話，很容易自動被歸類為「沒有實力」的一方。

平常就要做好萬全準備，將自己保持在隨時隨地有辦法發表的狀態，否則機會稍縱即逝。與初次見面的人談生意，其實也算是一種簡短演說。如果談話中無法快速使對方留下印象的話，將很難有後續發展。

雖然近年來只需透過e-mail郵件往返，便可促成工作上某種程度的發展。然而在真正面臨關鍵時刻時，還是必須當面互相討論。一旦在那種時候出錯，可就糟糕了。跟過去相比，能夠對談的機會已大幅減少，往往單憑一次就斷然定下評價。大家都很忙碌，因此別說是3分鐘，就算僅僅只有1分鐘的時間，我們也要有本事將自己的想法表達得淋漓盡致，否則根本沒有人會當一回事。

如果自己無法在大眾面前好好地說話，屬下及後輩將難以對你產生向心力。最近的新進員工大抵上都非常習慣演說和簡報的模式。我猜想可能是在大學時參加過研討會，且現在出國留學過的人也越來越多，種種因素影響之下造成這種現象。因此，若在關鍵時刻無法大大方方地在人前發表言論的話，很容易被人看輕，而不把管理者、或上司「當一回事」。

儘管擁有堅強實力，但卻沒辦法將它展現出來的話，無法獲得大家的認同。演說能力，可說是**「展現」個人實力非常重要的一個工具**。

真正擅長演說的人，其實還是屬於少數。但只要從現在開始累積實力，就能比別人早一步達成目標。將自己以及「自己擁有的東西」完整呈現出來，自我推薦——以期**能在聽眾的記憶中留下深刻印象**。

何謂真正成功的演說？

透過演說，讓我們能夠在同一時間與許多人產生對話。一個能言善道的人會懂得把握機會，將自己的想法一口氣滲透進去，並深深打動聽眾的內心。不但使自己的工作快速進展，同時也能獲得正面的迴響與評價，可說是展現實力的大好機會。

反之，如果失敗的話就會一次令許多人感到失望，自己也飽受大家負面的批評。這就宛如職場生涯中極端的兩條分岔路。

如果能夠成功完成一場演說，你的知名度、評價肯定也跟著水漲船高。我一直認為，能夠在眾人面前大大方方談論的人實在非常帥氣。

不論是發表過程中語氣自然流暢、或完全按照所準備的內容進行演說、又或者充滿幽默引人發笑的演說，其實都不算是真正成功的演說。若一心只想要「耍帥」的話，反而很容易弄巧成拙。

對方能夠專心傾聽，正確地理解演說者所想表達的意涵，並留下深刻記憶。唯有如此才能夠稱之為一場成功且帥氣的演說。好的演說，並非只有說話者單方面的提供情報、資訊給聽眾，實際上也能從對方身上獲得許多五花八門的資訊。

舉例來說，假設是要將新產品介紹給顧客的情況時，說明的同時如果一邊觀察聽者的反應，其實就不難發現對方內心真正的想法。「還以為這個客戶重視商品設計感，原來不是啊」、「客戶對於產品機能好像挺有興趣的，肯定會對此提出一些疑問！」、「糟糕！客戶好像對價格頗有微詞。不趕快想個對策的話，感覺會被大幅砍價」……諸如此類。

聽眾心理一般都以為沒有人會注意到自己，因此沒意識到其實自己正處於一種毫無防備的狀態。也就是說，他們會直接表現出對於這段談話的反應。比起近距離一對一的對談，更能夠掌握住聽眾真正的想法。

這個真心話，將成為今後工作能否順利進展下去的重要線索。因此，假使我們都充分表達出想法，而觀眾也認真地聆聽，那麼對於我們而言，這場演說無非是最佳的情報蒐集站。

掌握演說「5W1H」，吸引聽眾注意力

至目前為止，你所聽過「最糟糕的演說」，是什麼樣的情況呢？

- 不知所云，主題不明確
- 不清楚聽眾的相關背景，有失禮節
- 使用過多專業用語、內容瑣碎、羅列數據、枯燥乏味
- 準備不周，無法回答聽眾的問題
- 聲音音量太小很難聽懂，缺乏活力。單調、照稿宣讀、談話過於冗長
- 張力不足，究竟說了哪些內容都已不復記憶

……大致如此吧！

反之，能夠讓人產生共鳴、覺得回味無窮的演說會是什麼情況呢？

- **內容簡單扼要，淺顯易懂**
- **列舉具有說服力的事例、資料。以及充滿許多發人省思且「感同身受」的小故事**
- **說話方式幽默風趣，節奏性佳**
- **用詞平易近人，聽了很容易記住**
- **外表整齊乾淨。肢體動作自然大方，令人能夠安心聆聽**
- **採用「對話」的方式進行，並一一解答疑問**
- **內容會讓聽眾產生「從明天開始嘗試看看吧！」或「想將這個資訊告訴其他人」的想法。**

……請問，你的演說風格較接近上述何者呢？

為完成一場讓人「還想再聽一次！」的演說，我們必須增強自己的表達能力。

在本書5個單元之中，第1～3課為必修課程。在此階段，若能徹底學會書中所教導的最強3分鐘發表技巧，日後即使面對一對一的商談、或正式的簡報，應當足以運用自如。而從第4課開始，將繼續加強訓練你的表達能力。

發表演說，不光只是學會技巧就能夠順利進行。我希望各位能夠實際活動自己的肢體，身體力行去學習，因此第5課為實習課程（練習操作）。

這個特殊單元中，我將列舉7種常見的演講場面。依照不同情境分別加上個人建議，**讓各位可以看到實際應用的範例。**

有兩項特徵是擅長演說，卻無法獲得聽眾耳朵青睞的人所欠缺的——那就是「張力（impact）」以及「行動力（action）」。

想要擁有張力與行動力，必須具備下述的「5W1H」。我將按照順序一一介紹其具體應用技巧，因此各位只需先將這5W1H在腦中留存大概的印象即可。

「WHY？」——確認目的

「WHO？」——分析聽眾

「WHEN？」——考量時機

「WHAT？」——整理主要的重點與根據

「HOW？」——思考開場與結語的進行方式，以及有效推入主題的方法。
「WHERE（&HOW）？」——確認環境，加以整頓。

——現在開始進入主題。我相信各位一定能夠真實地察覺自身的變化。
請跟上我的步伐前進吧！

[LESSON 1]

30秒的『開場』與15秒的『結語』，打動聽眾

促使聽眾張開耳朵聆聽的「張力」、及令人記憶深刻的「行動力」

演說的基本結構大致為：開場⇩主論⇩結語。

不論是1分鐘的簡短演說也好、或是長達1小時的演說也好，原則上皆是如此。

大多數人都只專注於演說的『內容』去思考。然而，若希望聽眾專心聆聽內容，勢必要透過一句強而有力的話來打開聽眾的耳朵。因此，開場白顯得格外重要。

話雖如此，就算演說內容精采絕倫，但最後卻無法使聽眾留下記憶的話，也是毫無意義。而能否使聽眾聽完之後產生：「真是受益良多」、「非常慶幸能夠聽到這場演說」、「真想再聽一次這位的演說！」的心得，將取決於結語。

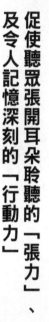

最大的關鍵在於：**張力**（impact）與**行動力**（action）

具體而言，首先在開場時必須給予張力，讓聽眾去思考「咦？真是如此嗎？」的問題；進入主論後才慢慢了解到「啊……原來如此！」，取得聽眾認同；最後以一段結語讓觀眾付諸實際行動，產生「做看看吧！」「也想跟其他人分享這個訊息」的想法。

就算是同樣的題材，只要在開頭與結尾的部份加以修改，瞬間就能提昇整體內容。

那麼，我們立刻進入主要課程吧！

首先關於時間分配的問題，**一般約以開場30～45秒、主論2分鐘、結語15～30秒為主**。若是5分鐘的演說，則將主論的部分改為3分鐘，並適當地在前後加入開場及結語即可。

開場白雖然非常重要，但太過冗長的話很容易令人不耐。因此，當挑起觀眾的興趣時，就趕快進入主題吧！

至於結語的部分，因牽涉到發表類型、或談話內容而有所變化，但一般最好保持在15秒內完成。乍聽之下可能會認為太過簡短倉促，然而事實上幾乎很少有人能夠在結語部分花超過15秒。大多數人在陳述完主要內容後，常常以一句

「……以上，我的演說到此結束。感謝各位的聆聽」

來概括結語。致上一鞠躬，便逕自急急忙忙的跑下台去。

這麼一來，觀眾會產生一種「咦？結束了嗎？那……下一位發表人是誰？」的困惑。因此在演說結束的瞬間，也迅速地被遺忘掉。

請記得，簡短一點也無所謂，但一定要將結語的訊息確實傳達出來。

掌握演說的「目的」與「對象」

如果對誰都說一樣的話——想當然爾，絕對不會有人願意認真聆聽的。因此，就算演講主題、及欲傳達事項不變，也一定要適度地「區分對象」，調整發表內容。

配合不同對象去重新修改開場白與結語，才能更加符合當下的狀況。首先，我們必須確實掌握住這次演講的「目的」及「對象」為何。

請注意，「**目的**」不等同於「**主題**」。你能夠分辨出這之間的差別嗎？

例如，在公司內部會議中進行發表的情況。

「今天我想針對顧客滿意度（CS）的部分進行說明」

在此，主題為顧客滿意度。但光是透過演說並不會使顧客滿意度提昇。因此，進而會提出類似：

「我舉辦了一個CS服務活動，請各位踴躍參加」

促使大家參加ＣＳ活動、或是取得ＣＳ活動的預算、並開始思考提高ＣＳ的具體方針——這才是我們演說的最終「目的」。

究竟是希望取得聽眾的「理解」、或是大家對於提案表示「贊同」「同意」呢？還是，想要從握有裁判權的聽眾那獲得「認可」、或是得到實際作業人員的「協助」呢？。最重要的一件事，我們必須先釐清演說的最終目的為何。

演說的目的有很多種，可能是希望能讓初次見面的對方「記住」自己、也可能只是想要取悅聽眾，以「讓聽眾感到滿足」為主要目的。

只要認清目的，就能夠成功傳達出訊息，使聽眾有所省思而付諸行動。而此行動力的訴求，必須在結語的部分再三強調。

然而，事實上卻有很多演說都是——光談論大方向的主題，卻搞不清楚真正目的。

「最重要的是要想辦法提高顧客滿意度！」

我想這個部分絕對是毋庸置疑的。只不過，雖然大家提不出任何異議，卻也不會出現任何後續行動，可說是完全沒有印象。類似這種無關緊要卻也毫無幫助的發表，從今以後正式向它揮別吧！

清楚目的之後，接下來就是「對象」的部分。

聽眾的身分、人數、類型（性別、年齡、國籍等）、知識程度、善意度或有所存疑、課題、以及需求……等，都要仔細考量到。這是為了正確掌握聽眾與自身之間的位置關係所需的準備工作。若對對方的事情一無所知的話，便無法做出一個恰當合宜的開場白。

以我的情況而言，身為一名研修講師，若是在收取酬勞時對客戶說出：

「能力尚未純熟的我，還請多多包涵……」

肯定會讓對方感到失望無比。

自己為了什麼（＝目的）、與誰（＝對象）進行談話？——這是演說的基礎事項。請慎重思考。

開場要領①

在開頭的問候時，創造出「雙向交流」感

開場的基本結構為：

問候語 ⇩ 介紹名字 ⇩ 開場白 ⇩ 自我介紹 ⇩ 預告。

開口的第一聲，可說是極為重要。然而實際上，卻有許多人不懂得在一開始時先做基本問候。

「我叫○○，來自○○公司。那麼，我想直接進入今天的主題……」

完全不顧聽眾的反應如何，自顧自地滔滔不絕說話——。這麼一來，被擱置一旁的聽眾身上宛如散發出一股冰冷的空氣，身處這種氛圍中自己也變得越來越緊張。

因此，開始時一定要以能夠**獲得對方回應的方式做問候**。

「大家好」

「早安」

「初次見面」

「前陣子承蒙您的關照」

簡單問候之後靜待數秒，接著說

「我是來自Globalink公司的大串。」

介紹自己的名字。

在此，即便沒有獲得對方回應的話語也無妨。

一般在有人對自己問候「早安」並靜候數秒鐘的情況下，大家都會在內心暗自附和一聲「啊～早安」。當得知說話者正等待著我們的回應時，人們自然不會單方面的聆聽，而是會有一種非加入不可的感覺油然而生。

先製造出這樣宛如與對方互相傳接球的機會，後續不但自己說話會更加輕鬆，聽眾也較容易進入話題。

開場要領②
開場白不以博取觀眾歡心為目的

大多數人對於開場白（為緩和彼此間緊張的氣氛所說的話語）都感到相當棘手。

但其實我們不需要想得太過複雜。在這個部分主要是以緩和現場氣氛為主，促使說話者與聽者都能以輕鬆的心情面對即可。重點並不是希望讓大家認為這個開場「棒透了！」，而淪為一種只為譁眾取寵的演說。

下列舉出幾種不同類型的開場白。請各位從中挑選出自己有把握的方式，試著練習看看！

◀準備小道具

「各位已經看過今天早上的日經時報了嗎？」

「這個東西，各位認為需要多少錢呢？」

「我買了最新的○○。重量十分輕巧。」

像這樣將小道具拿在手上，並一邊對觀眾投擲出問題。正如我們在「正式上場前3分鐘的緊急應變技巧」（請參考第28頁）章節中學過的方法，同樣具有將聽眾視線瞬間從自己身上移開的實質效果。

但是，如果使用一個與內容毫無關係的東西輔助，

「以上皆為題外話，接下來將進入主要內容……」

這是一種極為唐突的行為。畢竟所謂的開場，本意是為了引起聽眾想要繼續聆聽下去的欲望，例如：

「重量十分輕巧。而今天我想針對產品輕量化的利弊之處進行說明。」

必須與主旨有所關聯。

「最新一期的〇〇雜誌。直搗核心！營業力特輯。

內容刊載許多高實用性的題材，今天我將針對這個主題進行探討。」

「各位是否已經瀏覽過早盤的日經指數了呢？我想應該有不少人感到一陣錯愕，為此我準備一些補救措施，請各位參考手邊的資料。」

小道具只需要稍微展示一下即可，千萬不可以使用太久。

▶提出問題

「各位是否知道〇〇？」

「各位是否已經參觀過〇〇新的展示會了呢？」

即使沒有小道具，也可以利用提問的方式切入，創造出雙向交流感。投出問題後等待幾秒鐘，稍微觀察一下聽眾的反應吧！不一定非得等到答案不可。台下或許有人正點頭稱是、有人正歪頭思考、或是臉上明顯寫著「？」感到疑惑不已，反應大不相同。然而，就算完全沒有任何反應的話，也不需要太過介意。

「大家知道嗎？（觀察反應）……好像都不太了解的樣子，沒關係，現在我將詳細為各位解說。」

透過問題，也可以順便確認一下聽眾對此話題的關心度、理解度。配合聽眾的反應，斟酌主論中的說明應增加或省略，以求內容更加適切。

◀向其中一名聽眾搭話

如果聽眾之中剛好有認識的人在場，可以試著與他搭話，此作法能夠使聽眾更加融入演說內容。

「○○先生／小姐，您知道這個嗎？」

若全是素未平生的人也無妨，如果感覺到其中有人釋出善意，可以試著以

「大家知道嗎？

（一邊檢視全場反應，朝友好性的一人提出）……您認為呢？」

詢問該對象的意見。

如果是出席類似研討會的場合，桌上可能擺放有聽眾的座位名牌卡。此時，可以走近聽眾、確認過名牌卡後，直接稱呼姓名吧！

「○○先生／小姐，名字這麼唸沒錯吧？您認為呢？」

我想其中一定不乏有因不想被點到名而故意逃避視線、或顯得格外畏畏縮縮的人存在。千

萬不要刻意點出這類型的對象。開場白的目的主要是想創造出讓大家都能安心聆聽的氣氛，因此絕對不要冒險把場面弄僵。

▶由確認性的話語切入

假設在事前已分發資料的情況下，

「資料已全數分發完畢。共有A4紙5張。大家都拿到了嗎？」

向台下發問，並請聽眾確認自己手中的資料是否完整。這是為減緩現場緊繃氣氛時，最有效的方法。而如果是在類似研討會等等的會議中演說時，則以

「大家是否已經確認過手中的行程表了呢？

在它後面附有一張工作店舖一覽表。現在我將針對其方法及工作效果進行說明。」

的方式，自然導入主要內容。

▶由感謝的話語切入

這是最簡單的切入方式。但記得不能單以一句

「受您諸多照顧」或

「百忙之中勞煩您撥冗參加，真的非常感謝」

就草草帶過，**如果能夠具體舉出對什麼事情表達感謝之意**，是更好的作法。

例如：

「關於**上週〇〇一事**，真的受到您許多幫助」

「**聽說您最近即將舉辦活動因而十分忙碌**，

佔用您寶貴的時間，在此我盡量長話短說。」

看似簡單的一句話，但如果不夠了解對方背景是無法說出來的。正因如此才更能表現出獨創性，瞬間張開聽眾的耳朵。同樣地，對象如果是見過許多次面的人，那就盡量回憶上次見面的經過，從中挖掘出一些相關線索，進而由此處展開話題。

◀由今日發生的話題切入

例如：以今天天氣狀況為題材。不論對象是誰皆適用。

但是，最好不要只以一句

「好大的雨呀！」

帶過。請仔細思考，它將會帶給對方什麼樣的影響？

「**外面雨下好大，各位來的時候都有順利攔到計程車嗎？**」

語畢，立刻進入主題。千萬不能針對天氣的題材談得太過冗長。

「**今天是情人節吧！**」

「我今天早上看電視時，聽到一位體育選手說了這樣的話。」

類似上述的話題也可以。以「今日話題」切入的話，內容較具新鮮感。然而，若想由此串連上主旨，可說是難度頗高。但其實只要開場白能夠稍微緩和現場的氣氛，也已經足夠。因此，最好挑選一些較為大眾化、令人開心的話題或新聞，

「聽到這樣的消息，我從早上開始就感到分外神清氣爽。」

「能夠在如此特別的日子與各位見面，相當榮幸。」

「今天演說起來心情也特別開心。」

由自己發表此刻的情緒做切入，並迅速終止話題。

如果因今日題材獲得不錯的迴響就繼續說其他「不必要的話題」，往往會造成開場時間拖得太長。人一高興很容易忘其所以，不知不覺就越來越偏離主題。雖然這是人之常情，然而，閒聊時間過長的話，很容易使人產生「這種事可以不必討論這麼久吧！拜託快點進入主題！」的不耐感，最後反而讓好不容易緩和下來的氣氛變得更加冰冷。

我們只有短短3分鐘的時間，因此一個今日題材就已足夠。講笑話來開場的時候也是如此。

◀以對方立場發言

這是為了拉近與對方之間的距離所設計。設身處地站在聽眾的立場，以其心情陳述事件。

當聽眾感到：「啊……這個人非常了解我們的心情」時，自然就會認真聆聽演說。

「距離旗艦店開幕僅剩下1星期的時間。各位內心一定充滿許多緊張、期待、與不安的複雜感覺吧！」

貼近對方心聲的一段話，也必須要與主論有所關聯。

「一定感到非常不安吧！因此，我想提出一個非常有效的方法，幫助各位將不安轉為自信。」

但是，如果明明不清楚實際情況，卻說出：

「很累吧！」「辛苦你了！」

這種話，實在非常令人掃興。不恰當的發言，反而會擴大與聽眾之間的距離。

◀由對方的「優點」與「值得改善」的地方切入

這同樣也是為了更加貼近對方所設計的一段話。同時傳達出優點與缺點兩種事實，引起對方聆聽的興趣。舉例來說：

「我實際走訪過貴公司的店舖。

當時受到相當熱情親切的接待，因此我一口氣就買了四組。

但是，唯一令人感到可惜的是，

雖然每個人的服務都相當周到，但總覺得缺少一種『團隊』的精神。」

首先，以實際經驗為基礎誇獎對方的優點，而後再提出認為需要改進的地方，藉此導入主題，進一步探討具體改善方案——基本上為此構成法。

此外，褒獎的話語最忌諱使用不實謊言。必須是發自內心感到喜悅、或覺得很棒的事情，且說明時記得稍微描述其理由。如果褒獎的話語不具說服力，那麼之後當提出「哪些地方需要加強」的負面評論時、甚至是更深入的主論內容，將沒有人願意聆聽。

但請注意，過分吹捧對方的讚美話語也可能造成反效果。例如：

「能跟貴公司如此大規模的一流企業往來，是我的榮幸。」

其實真正一流企業的員工聽到這種話時，通常不會多開心。而如果明知道自己的公司規模不大，卻被人說成是「大企業」的話，也只會令人反感。更重要的是，這段話中只有一味地抬高對方，卻完全忘記提及自己的優勢。

「貴公司最近剛完成一宗大型案件，因而大幅提昇績效了吧！

我還聽說今後您也計畫要積極地拓展業務，網羅其他中小型的企劃案。

為求發揮最大效率，並期盼有機會助您一臂之力，

因此今天我特地帶來了兩項具體提案。」

如上所述，不單只有稱讚對方，同時傳達出自己的談話內容中具有極高可聽性的訊息。

然而卻有許多人會將讚美對方、尊重對方，誤以為是變相的貶低自己，因而顯得太過謙卑、客氣。

可能會以類似：

「像我這種人」「跟貴公司相比」「完全敵不過各位……」這樣的話來做切入。大NG！就算對方的經驗、實績、規模真的在自己之上，盡量還是加以說明原因。

「我從以前開始就非常關注貴公司的○○事業。
當時便期待著有朝一日與您一同共事，
而今日能夠獲得如此寶貴的機會，真的非常開心。」

◀有信心的話可以用輕鬆幽默的方式切入

當然，若想以笑話切入主題也是行得通。但是，選擇以笑話開場可說是難度極高，自己做好心理準備後再去嘗試吧！假設失敗了也決不能因此深受打擊。要裝出一副「現在並不是在開玩笑」的表情，接著說「好的，那麼我們現在開始進入主題。」迅速轉移話題。

即使現場氣氛已經冷到最高點，也可以處變不驚地繼續談論正題。假如有這種自信，不妨試著挑戰看看！

開場要領③

充分給予能讓聽眾靜下心聆聽的要件

開場白結束之後，接著進入「自我介紹」的部份。這段可利用的題材相當廣泛，舉凡個人經驗、經歷、立場、實績……等都非常好發揮。配合今日演說的「對象」與「目的」，從中挑選出合適的題材後，將重點摘要出來。

假設演說的對象是從營業第一線退下的職員，

「我的工作，每天都會在現場聽到許多顧客的心聲。進公司已經3年多了，對於○○業界的客戶，我想我應稱得上是全公司最清楚的人當中的前三名。」

又或者，假設是在結婚喜宴上的致詞，

「我和新郎在大學時代就已認識，直到現在幾乎每個週末還是維持一起打網球的習慣。今天我將為各位介紹，新郎在球場上所不為人知、真實的一面。」

這種場合中，因為是以友人身分發表演說，所以關於自己在哪家公司上班、從事什麼樣的工作，便不需多加介紹。然而，以「我在○○公司上班，直到去年為止都一直待在紐約分公司……」這類話題作為開端的人，事實上不在少數。

當然，若是以主賓身分受邀的情況下，可能需要介紹自己的頭銜稱謂。不過更重要的是我們應該好好思考，在自我介紹中，聽眾想要聽的究竟是什麼事情？並問自己，現在在此發表談話的原因究竟為何？先找出重點，再加以彙集整理。

若是商業場合中介紹自己時，首先可以提出對方的「優點」及「值得改善之處」做開場白切入，再順勢將話題延伸至自身的經歷、實績，證明自己有能力協助對方改善，如此一來就能成功引起聽眾的興趣。

在此之所以要特別證明實力，並不是為了強調自己有多麼厲害，而是希望能夠獲得聽眾的信賴，安心聆聽今天的內容。不需表現得過分謙遜，也不能顯得過分自傲。

「我在這個領域中已累積3年的經歷。」

「協助過前三大企業達到減低成本的目標，整體而言減少了約三成左右。」

簡短有力、直接了當地說明。

在開場的最後加入「內容預告」，也是一種為使觀眾能夠安心聆聽的作法。

如果是3分鐘的發表，再簡單不過。只要預告中，具備**「演說題目」**、**「時間」**、**「聽眾的任務」**三項要素即可。

「關於〇〇，請各位借我2分鐘時間，

如有任何疑問的話，也可在發表最後儘管提出。」

「首先我想要利用2分鐘時間說明概要，

最後我將透過舉手投票的方式，詢問各位贊成與否。」

「在這2分鐘內我會向各位介紹5種能夠立即使用的速成技巧。

學會其中1個也好、2個也好，

希望能夠對各位將來在職場、工作上有所幫助。」

製造開場「張力」的方法有許多種：其一可透過自我介紹傳達自己的實績、強項；或是在開場白的部分加入一些特別的話題，讓人聽完之後能產生一種「啊！原來如此！」的驚喜感，刺激聽眾們的興趣；或是若能找出某些與主題相關，且會令人為之驚奇的資料，也可以多加利用。

然而，光是讓聽眾感到驚訝，並不等同於「張力」。必須要獲得聽眾的信賴、共享同一目的、並讓聽眾感受到聽取的必要性。只要能做到讓聽眾願意張耳傾聽，產生「不妨聽看看」的想法，這種程度已十分足夠。

配合當下的狀況、演說主題、目的、以及對象，分別採用自己有把握的方式來做切入吧！

開場要領④ 開頭的前1分鐘不看備忘稿

面對開場時，不論是誰都會緊張。如果是重要的演說，最好製作備忘稿或原稿，做好充分準備！雖然在正式發表時攜帶講稿是ＯＫ的，但在開頭的前1分鐘內——至少在**開場的時候，絕對不能看著手上的原稿或備忘稿照唸。**這是演說的鐵則。

主要有三個原因。

第一：如果看著原稿唸的話，就無法與聽眾保持視線交流。眼神若沒有交會，聽眾會覺得好像不是在對自己講話，所以可能會裝出正在聽的樣子，但實際上卻心不在焉、或開始做其他事情。此外，看著原稿的話，一不小心就會像在唸課文，這也是沒有人想聽的主要因素。

不論原稿整理的再好，如果不看聽眾的反應，便無法得知眼前的聽眾是否已經接收到你想要表達的事項。為求能更符合實際發表狀況，首先我們必須學會放下稿子，觀察聽眾的反應——這就是第二個理由。例如：當你發現聽眾對某個詞語產生「……？」的反應時，可當下立刻將它以其他同義字代換；或是遇到較為艱澀難懂的內容時，可加以補充說明。主論才是整體演說最重要的部分，而為使聽眾有興趣聽下去，剛開始的1分鐘可適度調整講稿。觀察聽眾的表情與現場氣氛，將在場發現的事物、或當下腦中浮現的話語追加進發表內容中，反倒更具原創性。為了創造出唯有此時此地才能夠聽到的演說——這就是最後的第3個理由。難度較高，但當能夠臨機應變地增加原創內容時，你的演講功力已大幅提昇。

就算是演說、簡報高手，每次面臨開場時也都是拼了命似的去完成。**做好萬全準備固然是好，但千萬不要淪為『照本宣科』**——非常重要。

然而，若想要不依靠腳本撐過前面1分鐘的話，就必須要勤於練習。事前製作演說腳本、實際地演練，當自己做得到在開場時不看備忘稿也能開口說話，心情上應該也會感到輕鬆不少。

雖說是演練，但開場所需時間其實連1分鐘都不到。在月台等電車時、排隊等候結帳時，只要利用一點空檔時間就可抓緊機會多加練習。

開場要領⑤

與台下最後排的聽眾交換視線

開場最困難的地方，我想莫過於是初次與聽眾視線交會的瞬間吧！然而事實上，若與聽眾之間維持良好的眼神交流，自己反而較能夠靜下心來演講。

如同騎腳踏車時，若在一開始有踏穩腳踏板的話，之後就能輕鬆保持平衡，而發表演說也是一樣的道理，一開始若好好地與聽眾維持視線交流，後續將會出乎意料地順利。

我來教各位一些秘訣吧！

首先，將**視線移向台下最後一排的聽眾**。雖然我們可以清楚看見前排聽眾的表情，但相較之下，與後方聽眾做眼神交會的話，應該來得更輕鬆吧！

「聽得清楚嗎？」

可在詢問的同時，一邊做視線交流。

當真正對上視線時，請暫停幾秒鐘後再移開。

而後，將目光以鋸齒狀的方式，一次一次向前排推進，與前方聽眾彼此交換視線。看完右邊後移往左邊——類似這樣的作法，慢慢地，依序往前方移動視線。如此一來，前排聽眾便心裡有數「現在發表者正在看後方的人，待會兒也會輪到自己這個方向……」，因此會更加專注聆聽。

當然這必須視聽眾人數多寡而定，但在合理範圍內，最好能夠達到**每一位聽眾都做一次視線交換**！在尚未習慣時，真的會不自覺地將視線看向離自己較近的聽眾臉部表情，然而一旦剛開始時就與眼前的人對上眼的話，那麼之後便很難再把視線往上抬高，直到最後也幾乎不會與最後方的聽眾產生眼神交會。

不論在朝會還是會議上，一般而言，在後方的人多半都屬於無精打采的類型。如果再放任不理，他們常常就會開始聊天、打呵欠……，在不知不覺中將負面能量也傳染給前方的人。

此外，凝視聽眾眼睛是較為勞累的作法，通常只要看著**整體臉部表情**即可。

話雖如此，但大部分的聽眾幾乎都是面無表情。我們無須對於聽眾的表情或反應抱持過度的期待。即使是面無表情，也不表示他們沒有認真在聽，最重要的是自己不要因此受影響而感到慌張失措。

開場部分最好選擇自己有把握駕馭的方式來跨出第一步。唯有多方嘗試過後我們才有辦法得知適合自己的方式為何，同時也必須好好地思考，什麼方式才能夠打動「今天的對象」？

我們的目標並非馬上成為一名說話高手。即使今天演說的表現不是最完美，但只要一次比一次更加進步的話就已足夠。不能將追求完美視為最終目的，每一次的練習機會都必須慎重以對，每一次的開場組織方式都必須是經過深思熟慮後的成果，正確地累積臨場經驗，總有一天會成功的。

就算因緊張而聲音顫抖時，我們只需將它想成是：「今天，我很認真看待」、「證明自己對於這場發表的重視程度」。

即使聲音中帶著顫抖、講得不很流暢都沒關係，只要過程中能與聽眾間維持良好的雙向交流，並真心為聽眾著想的話，絕對會獲得聽眾的青睞，獲得好評。

上台恐懼症的元兇是「自己」的視線

「到底大家會以什麼樣的心態來聆聽我的演說呢？」

這就是上台恐懼症的罪魁禍首。

你是否也曾擔心過「萬一發表內容不夠出色……」

事實上，根本沒有人會對這種事情抱任何期待。

「但是，如果真的很差的話一定會讓大家感到失望吧！」

然而以聽眾的心態來說，原本就不關心演說成敗的問題，所以也不可能失望。全是自己太過介意聽眾的評價，因而導致有上台恐懼症。

我們不需要擔心聽眾會怎麼看待自己，應該思考的問題是：**「該如何拉近與聽眾之間的距離」**。

多靠近一步也好、兩步也好，釋出滿滿的誠意使對方能夠坦然接受自己，這比什麼都還重要。只要保持這種想法去做演說，緊張臉紅的症狀一定會立即痊癒。

如果是認真想要接近、表達內心想法的話，緊張也是人之常情。保有這種「正常的緊張感」是OK的。反倒是一點緊張氣氛都沒有的演說，大家才不想要聽呢！

就連我自己，在面對研修課程的開場時，也並不是每一次都能表現得輕鬆自如。

我與所有受講者幾乎也都是初次見面，以企業研修課程來說，通常我能夠從該企業的需求、課題、狀況等各方面，推敲出聽眾目前的心情、立場、需求以及感興趣的事情為何。並從中發掘對方與自己之間的共同點，選擇合適的話題以便貼近對方，開場白的部分一般我會視當時的情況而定，但基本上一定會去思考『這次演說的原創性內容』。

不論是何種演說，其實不太可能對於對方的事情一無所知。雖然我們無法做到了解每一位聽眾的個人背景或感到關心的事物為何，但至少能夠知道例如：「當次活動主辦人及相關工作人員」、「對於今天活動有興趣的人」、「雖說年齡層相當廣泛，但大家皆隸屬營業部門」……等這類資訊。

請仔細思考這個問題，試著去發掘出最適時適地、且自己也能夠駕馭的開場方式。

結論要領
後續動作的具體內容，激發聽眾行動力

所謂結論，可說是決定個人「印象」的最主要關鍵。結束話題的方式，將會影響到下個階段是否能夠順利進展。

舉例來說：你所發表的提案，最後是否能夠獲得對方的重視並認真考慮呢？或是，介紹過後商品是否能夠引起對方的興趣，進而提出「想要進一步了解」？另外，如果演說目的是為了提高人員的幹勁，完成後你是否能使他們產生「就從今天開始實踐！」的熊熊鬥志呢？

如為商業性質的發表，一旦無法進行到下個階段便毫無意義。

「若有幸得到您的認同，那就太感謝了。」

「如上所述，那麼就拜託您了。」

這種說法是不行的！

「打鐵趁熱，下週一立刻開會做討論吧！」

「我希望各位一回到工作崗位後，就能馬上打電話給一位顧客。」

以具體的實踐方針，從背後推他一把吧！

或者是說：

「這個要訣我希望各位回去之後，也一定要牢記在心。」

反覆強調重點，以加深聽眾的印象。

舉例來說，如果僅以一句：

「今天我想傳達的事項為○○。以上，我的演說到此結束。」帶過的話，

豈不是太單調了嗎？

「關鍵在於○○。各位一返回工作崗位，請務必實際運用看看！」

結論的重點在於：最後是否能夠促使聽眾勇於跨出第一步，付諸實行。

「今天我想表達的是〇〇。在下週一的會議中，
請每一組各提出一個意見出來。我很期待各位的表現。」

說完這兩行話約需費時12秒。反覆重申話中的關鍵字，也就是指：對方「必須提出意見」的後續動作、以及自己滿懷「期待」的心情，藉此加強督促聽眾行動。

結論，雖然包含一種「歸納總結」的意思，但絕對不能只是一味地重覆主論內容。「前面也說過好幾次了，為提高工作效率，〇〇是非常重要的。此外……」大NG！又臭又長的結論，反而會令人印象更加薄弱。

我們必須將重點壓縮成一個重要的關鍵字、或是一段很容易被人記住的短句，加以整理後放入結論中，這點很重要。

假如沒有預定要開會的情況下，也可以用出作業的方式。例如：

「下次見面之前，請各位思考一下〇〇的方法。」……等。

由於是我們擅自主張出作業的關係，因此難度不能過高。

「等到下次再與您見面時，我會準備更詳盡的資料過來。」

也可以給自己出作業。表現出積極的態度與提案，或許會帶來意想不到的機會喔！

另外，還可以引用開場時講過的話、或使用過的句子作為結論。例如：將開場時曾說過：「各位已經看過今早的日經產報了嗎？出現令人吃驚的數字。」，加以利用

「今天早上的日經產報中也剛好出現相關內容。這足以證明我今天所說的○○，正是一個真實案例。請各位務必參考看看。」

事前的準備功夫及技巧一樣是不可或缺，當能夠達到這種程度時，整體演說的完成度將會大為提昇。

如果實在想不出應該有什麼樣的後續行動、或任何作業時，亦可利用提問的方式製造雙方交流，依此導出結論。

「今天的內容是否達到參考作用了呢？」

「明天朝會上立即可發揮的技巧，大致上都有概念了嗎？」

「第一、第二點從明天開始就能馬上使用，大家都牢記了嗎？」

丟出問題後記得一定要間隔一會兒，給予聽眾思考「第一點、第二點……」究竟為何的時間。即使沒有獲得回應也無所謂。我們可以一邊觀察聽眾的反應，等待**數秒鐘，最後面露微笑的說：**

「請各位務必操作看看！」

即可完成總結！

另外，有一段非常常見的結語用詞：

「非常感謝各位的耐心聆聽。」

然而，這段話好像給人一種：抱歉讓各位聽完這麼無聊的發表的感覺。因此，我們必須感謝的並不是聽眾的安靜聆聽，

「各位能夠認真聆聽我的演說，我由衷感到開心。非常感謝。」

「能夠將現場的實際狀況直接傳達給各位知道，我真的相當開心。」

「今天我已經徹底表達出我的想法。

因為平時很少有機會能夠跟現場人員直接對話，我感到非常高興。

各位是否還有其他疑問呢？」

應該額外加入自己的心情感受，傳達給聽眾知道！

成為一名「良好的聽眾」，是邁向演講高手的捷徑

結論完成之後的動作也相當重要。

演講結束一返回座位時，便立刻大肆說著：「出錯啦！」、「討厭！完蛋了！」，然後逕自開始交談，這種人其實不少見。明明下一位發表者還在說話，台下卻七嘴八舌的討論起來，真是太失禮了！

一回到座位，應與周圍的人稍微以眼神示意後方可就座，並靜靜的聆聽下一位發表者的談話。如果你希望別人專心聆聽自己的發表，首先就要以身作則，成為一名「良好的聽眾」。

所謂「良好的聽眾」，意指：在聆聽別人的談話時，能夠從中獲得對自己有幫助的材料、保持正向思考的人。當然，不與旁人交談、不打哈欠、不東張西望、不做私事——是最基本的禮儀。

無法好好演說的人，事實上也無法好好聆聽他人演說。

因為自己沒有專心聽別人說話，所以才以為別人也不會聽自己說話。或是在聆聽他人發表的同時，卻暗自在內心想著「這也沒什麼嘛！」，所以才會擔心在演說時別人是否也會以這種心情看待自己不是嗎？

一般在會議或研討會上，只要自己專心聽別人說話，那麼別人應該也會專心聽你說話。「真的很開心他能夠這樣聽我說話，好讓人安心繼續說下去！」，正因為了解這種心情，所以會產生「自己也應該要認真聽」的同理心。

若能專心聆聽別人說話，或許會從中發現一些缺失，進而提醒自己不要與他犯相同的錯誤。例如：「這麼說的話比較容易表達清楚」、「這個時候若有數據的話大家印象會更深刻」、「少說點那個、然後……這類語助詞，聽起來會比較舒服」等，當然其中一定也有許多優點可供我們演說時參考。

首先，必須以身作則成為一名「良好的聽眾」——這是邁向演講高手的不二捷徑。

[LESSON 2]

成功引起聽眾興趣的「大綱」構成法則

四個步驟歸納出主論

到目前為止的內容，大家都順利通過了嗎？現在即將進入「主論」。主論的2分鐘是演講的決勝點。這關係到評價的好壞。

接下來，讓我們一同屏氣摸索前進吧！

就算處於「苦無話題」的劣勢之下，還是有方法能夠幫助各位組織演說內容，引起聽眾聆聽的興趣。

即便該說的內容都決定好的人，也絕對不能輕忽大意。往往是定好內容的演說更容易詞窮、了無新意。請根據下列四個步驟，重新檢視自己。

1. 思考「希望對方產生什麼反應？」的答案，將內容重點加以濃縮整理

所謂的中心思想，其重點在於：將聽眾的後續行為反應，以『動詞型態』陳述出來。

如此一來，當聽眾內心產生「這正是我想說的話！」、「非聽不可！」的感受時，自然就會豎起耳朵仔細聆聽。

2. 為使聽眾發自內心「想要去做」，你認為「什麼資訊是不可或缺的呢？」

人類是有感情的動物。光是一再勸說「請做……」，大部分人也是無動於衷。為了讓人自己萌生「想做」、「做吧！」、「非做不可！」的想法，究竟應該說些什麼內容會比較恰當呢？——這將成為整段談話的主軸。

3. 聽完後，你認為對方會「抱持何種疑問呢？」

為使聽眾產生「想去做」的念頭，我們必須準備許多資料、事例、經驗談……等具有說服力的論點加以證明。在此，不能光是給予建議，更重要的是：「答覆對方想要知道的問題」。將所有聽眾感到「？」疑問的事情，一一做解答。流暢的問答節奏感，能夠引領聽眾漸入佳境。

4. 根據「對象類型」與「演說時機」，決定主論的構成法

即使是同樣一段話，也會因表達的前後順序不同，而嚴重影響到聽眾的認同感。基本上一定要配合當次的「對象」與「時機」，挑選出最適合的構成法。若希望聽眾能專心聽完主論，就必須在詞彙挑選、及說話技巧方面各下一番工夫。令人能夠靜心聆聽並留下深刻印象的『說話技巧』，一共有3個秘訣，我將於本章節的最後傳授給各位。

不能光只是「傳達出資訊」，應去思考「什麼樣的內容才能打動人心？」

當被要求上台發表時，大多數人一開始只會想到：

「我想傳達什麼訊息？」或「應該說些什麼內容？」這兩個問題。

然而事實上，這正是使大家無心聆聽的主要原因。

我想不論是誰都不想聽與自己毫無關係的事情。

因此，話題必須能夠與聽眾之間建立參與性，感覺自己宛如身處故事中的一角。

最重要的目的在於：引發聽眾產生後續行動。並非只是自己「想要傳達什麼」，首先請思考一個問題：你希望對方「**做何反應**」？

①究竟希望對方「做些什麼」？

②為此，希望聽眾「懷抱什麼樣的情感」去聆聽演說？

③為了能讓聽眾保有這種情感，「應該如何去表達呢？」

——以此三階段論法，整理出演說內容的重點。

假設在會議中發表提案的情況下。

大多數人都只會先考量到自己的企劃案最大賣點所在，並朝此方向積極收集資料、根據。

然而，若目的是希望大家對此企劃案由「認真檢討」→「對此現狀懷有危機意識」

那就必須出示足以證明**目前正處於危險狀態的資料**。

再者，若目的是要讓大家對該商品加以檢討，希望「引起聽眾的注意，並對此感到興致勃勃」的話，那就必須著重於它**能夠暢銷的理由**、或「屆時如果成功，將是**業界中前所未見！**」這方面加以表現。

除此之外，若目的是希望該企劃案得以實行，「請求編列預算」→「保證企劃案能夠順利進行，使聽眾安心」，那就應該舉出**確切的實績**、**成功事例**，增加說服力。

根據上述之三階段論法中①②的轉變，所應傳達的重點及故事也有所差異。

盡量將重點縮簡在1～2個範圍內，並請稍加說明其原因理由。

「現在我將針對新的販促系統發表提案。

關於它的成本、效率、效果、以及詳細內容，我都徹底查驗完畢。

我更準備了幾個成功案例想要提供給各位參考，今日將以此為主軸詳加說明。」

「今天我的發表主題為：問候禮儀。在各式各樣的情況下，我們都需要打招呼、問候。

「但其中最重要的我想是早上的打招呼吧！這一次我將以『早安禮儀』為主，進行演說。」

或者是，

「依據客戶提出的訴求，一共有七項。」——說的同時，將列表展示出來，

「因為考慮到時效性的問題，今天我將針對第二項及第五項發表提案。」

簡單預告精華內容，一般聽眾的想法會認為：「整理過的重點，可聽性較高」，因此能夠安心聆聽。就算僅以「非常重要」、「立刻能夠運用」作為理由也不為過，聽眾大多可以接受。

雖然只是個細節小事，但如果省略理由的部分，很容易顯得過於唐突。聽眾可能會嚇一跳想說：「怎麼會跳到第二項呢？」，或是產生「為何偏偏選這麼無聊的話題……」的想法。在無法與聽眾取得共識的情況下進行談話，也是徒勞無功。

選擇可用的題材，因應聽眾各種「疑難雜症」

整理出重點後，接著必須將內容中所引用的資料、事例、經驗談、或例子等，足以成為根

據、佐證的材料備妥。首先，請將自己手邊的材料排列出來。

然而，只是從中挑選出自認為最好的材料——是不對的。在選擇前，請先思考一個問題：

「針對這次主題，這次的聽眾，可能會產生什麼樣的疑問呢？」

發表該題目時，聽眾可能會出現什麼問題呢？可能會對哪方面有興趣呢？可能最在意哪個部份呢？

假設是在介紹新商品的情況下，聽眾心裡最迫切想知道的應該就是「價格」吧！或是類似：「假設今日下單，何時才能夠到貨？」的問題。另外，若是就物品而言，大部分會在意的可能就是關於：尺寸大小、重量、色差、或者規格範圍、維修費用等問題。

試著猜想5種對方可能會有的疑問、問題，從中再去思考你認為對方可能會特別介意的問題為何，最後縮減到一至二項。

另外，『時機的選擇』也相當重要。對於這次的聽眾，此時主要是要介紹新商品呢？還是已經拜訪過很多次，需要請對方回應最終決定了呢？依狀況的不同，所應準備的材料也所有差異。

不能光是整理出自己想說的話，而是要以對方的「疑問」、「問題」作為基準，構成發表內容——這才是關鍵所在。

如果說話的對象是相當熟識的人，可依照聽眾的『類型』做選擇。有些人對於衝擊性的數據反應較大、有些人可能偏好以故事性的手法描述。

此外，也有人在聽到發表人本身的經驗談「我實際使用過後……」會大感放心、或是聽到引述某位偉人的名言佳句就會很快接納——配合對象的類型、以及前述之「你希望聽眾抱持什麼樣的情感？」這個問題加以思考，挑選出最適合的方法。

整理資料時，要以有利對方聽取的資料為主。雖說內容不可以捏造，但如果是「過去5年內，持續往上攀升且維持穩定成長」這種情況下，其實就不需要連7年前下滑時期的資料都一併展示出來。我們並非是要刻意隱瞞，只是若一次秀出所有資料的話，比起這5年間的成長率，聽眾一定會更加介意7年前急遽下滑的部分，導致無法專注於你的發表之上。

正確地運用資料，將會成為最強而有力的根據、證明。但如果提供的資料太雜、太過陳舊，反而會顯得牽強，造成反效果。製作草稿前，一定要仔細推敲！

小故事的編排也是相同道理。在自我介紹時很常見的一種狀況。明明我們只想要知道這個人最近兩年內的工作經歷，卻總是會聽到：

「我出生於大阪，在東京長大，從小就相當成熟懂事……」

鉅細靡遺的從小時候開始說起。這正是我一直強調的：不能光是說自己想說的話，應該去思考究竟對方想要知道什麼事情。

若想利用小故事輔助說明，應該要反覆地演練。「這邊太過繁複」、「這邊說法有重疊到」、「這個部份省略也無妨」……等，以自己的耳朵再三確認，再刪除多餘的描述。

引用**事例**的情況下，正確地判斷出聽眾「可能想知道哪一家公司的消息」是很重要的。如果隨便列舉事例，結果聽眾聽完卻有一種「這是哪裡的公司啊？」或「既然這家公司有在進行這個案子的話，我們就不想做了」的疑慮，這麼一來即使內容再怎麼精彩有趣，也只會造成雙方的困擾吧！

若是要用證據、根據，來佐證事實的情況下，

「根據○○研究院去年所做的調查結果顯示……」

則應明確表明出處。另外，若是從他人口中得知訊息的情況下，

「據營業部○○部長所言……」等，

假設你認為引用「這位人士的發言」能夠獲得聽眾認同，就必須清楚表明這番言論源自何人。

然而，如果只是以一句隨便聽來的話，最後結論卻說「因此，我認為一定能夠順利進行」，這樣子也未免太沒有說服力。因此，請特別注意使用方法。

與聽眾共同描繪「圖畫」

資料、小故事、事例、事實——這些都是為了使聽眾更清楚我們想要表達的內容所使用的小道具。運用得當，就能與聽眾『共同描繪圖畫』。

假設是在談論有關電話應對技巧的情況下。

「絕對不能坐著枯等客戶的電話。所謂的電話，原本就是……」

如此冷不防地開始長篇大論，那麼就算進入正題，也還是無法引起聽眾的興趣。

「昨天，我撥了電話到A公司詢問一些事。我發現他們的電話接聽速度相當快，且態度親切有禮。針對我所詢問的事項說明得極為詳盡，也沒有讓我久等。我心想，真不愧是一流的公司啊！就連電話的應對進退都如此大方得體。我每天工作時可能必須打電話給各式各樣的公司，所以一旦電話應對的技巧太過糟糕的話，會連帶造成公司的形象也跟著受損！」

以這種方式陳述的話，因為大家都有過類似經驗，肯定會點頭如搗蒜般的表示認同。

立刻接著詢問：

「各位又是怎麼做的呢？

大家認為我們公司，會是被公認為電話應對形象良好的公司嗎？」

丟出問題，『這麼說來，我好像……』大家便紛紛開始回憶起自己糟糕的電話態度。

描繪出共同的圖畫意境後，

「我舉3個很簡單的例子。請各位一回到座位後，趕快試著做看看。」

將自己希望對方去實行的事項，也一併放入這幅圖畫中。

如果是講述小故事的話，盡量要能讓聽眾產生「沒錯沒錯！有可能發生」的想法，藉此共同畫出一幅認同的圖畫吧！

如果是引用數據的情況時，就描繪出一幅可以被理解的圖畫，使人豁然開朗感到「原來如此！是這樣啊……」。當成功勾勒出圖畫，便能順利帶領聽眾進入內容。

呼——一鼓作氣來到這邊。大家都確實掌握住大綱整理的技巧了嗎？

準備一場3分鐘的演說時，我認為最大的困難點，當屬這個部分。然而，當我們將主論的基本結構，明確且精簡地架設出來後，那麼就算在正式發表的途中偏離軌道、或暫時迷失方向，也不必擔心。因為我們單憑自己的力量，也能夠輕易地導回正題。

假設你不確定自己的演說結構是否穩健，那麼現在，請再次確認清楚吧！

①整理此次你所想要表達的內容。

②試著想像聽眾的臉孔。

③請舉出五項，你認為聽眾「想要知道」、「可能提問」、「感到疑惑」的事情。

④考量說話的時機，將「這次希望聽眾了解的事項」縮減到一至二項。

⑤假如第①點與第④點大相逕庭的話，請立即做修正。

這個方法同時也適用於：臨時被要求發表，且「**只有1小時準備時間！**」的情況下使用。

請務必多加運用！

考量與聽眾之間的「定位關係」，決定說話順序

說話的『順序』也非常重要。前面我們已經整理出重點，並收集其他作為根據・證明的材料加以輔助說明，接下來開始思考說話的流程吧！

說話的流程應簡潔而有力，大致上可分為兩種模式。

從結論切入的「**之所以模式**」，以及從前提開始說起，一步步帶入主題中的「**因此模式**」。

「○○的話，如何呢？」

「我有一個想法。」

「當務之急為○○。」

一開始就講出結論，再以「**之所以這麼說……**」的方式來說明理由、情況。這個方法對於聽眾的知識程度、技術水平差不多的情況，或已經取得良好共識的情況下使用，效果都非常好。

反之，若是聽眾尚未能掌握狀況、或對你的意見心存質疑的時候，

「本期目標是提高二成銷售額。以現狀而言……」

「是否遇過這樣的問題呢？」

「這個部分，很困難吧！」

我比較建議：以某個前提為基礎，慢慢導入主題，過程中再一點一滴獲得聽眾「YES」的正面認同，最後以「因此……」的方式，歸納出結論。

究竟應該選擇哪一種方法展開話題呢？必須取決於：聽眾與自身之間的定位關係。意見是否一致？是否擁有相同共識？是否獲得對方的信任了呢？——如果答案是YES的話請使用「之所以模式」，如果答案是NO的話則改用「因此模式」。

亦可按照對象的類型去做方法選擇。對於性急之人可用「之所以模式」、對於慢條斯理的人可用「因此模式」。總之，不論是從結論切入、或從說明切入，只要先將大致的流程底定之後，就能避免一開口就突然忘記「……剛剛到底說了些什麼？」的危險窘境。

就說明的部分而言，也可以總括區分為兩大要素。例如：「**理想面與現實面**」、「**特徵與優勢**」、「**新・舊**」、「**目標與經過過程**」……等。加以整理後，便可簡化內容。

即便是一次要將5項要素同時放入說明內，只要將它稍加統整，區分為「**現實（1、2）→理想（3、4、5）**」二大要素的話，也比較好記住。而不是以「1、2、3、4……」條列式的方法一一羅列出來。

除此之外，其他如運用於說明中的材料，也可以將它區分為「今日著重於小故事」、或「補充參考資料」等，確實地將今天的發表模式分門別類。面對邏輯性強的聽眾以資料為主、感性派的聽眾則加入小故事輔助說明……等。在此，同樣也必須考量到對象的類型。

若能按照此流程來挑選適用的材料，並加以準備的話是最好的。但有時候也可能會面臨到只能運用手邊僅有的材料來組成說話內容的狀況吧！請儘管放心。就算只有冰箱剩餘的食材，也能做出美味的料理不是嗎？

首先，請先多方嘗試各種說話順序，並思考何種排列方式，最能夠將自我想法徹底傳達至聽眾內心。絕不要一心只想著非做出很棒的料理不可。**說話不求盡善盡美，只求充分使聽眾了解**。即使明知道「對今天的聽眾而言，『數字』是必要條件」，但如果所提出的數據不具說服力的話，一切也是枉然。因此，當找不到適切的數據時，可說：

「藉由下列幾個事例，能夠協助我們推敲出引進時的成本削減率。」

「數字中無法判斷出的重大成效，總共有三項。」

或者，利用結論的手法。

「關於這幾年來的普及率、以及與其他主要各國間的比較結果，將於下次與各位分享。」

以這種方式串接起來。

對於「沒有信心在不看原稿的條件下」安然撐過2分鐘主論的人，不妨先將主要流程整理出來，上台時準備一張小抄吧！

決定用「之所以模式」、還是「因此模式」發表演說了嗎？請根據所選擇的方式，做重點摘要。說明部分的材料分為哪兩個要素也要一併紀錄下來；若是著重於小故事說明的話，請將其中一定要傳達的關鍵字寫在上頭；若是以資料提供為主的話，則將重要的數字記錄上去。最後，請將今日中心思想——也就是你希望聽眾「聽完產生什麼反應？」，以大字體書寫出來。

除此之外，事先擬定劇本並加以練習也是非常重要的。至於正式上場時使用的備忘稿，若是只看一眼就能立刻明白現在要說的內容為何，這樣最為方便。

只要事前整理好備忘稿，假設日後有機會向其他聽眾發表相同主題的時候，就能判斷出「今天的聽眾屬於性急型的，最好以『之所以模式』切入」

「這次的對象是一般職員。最好當下能讓他們做出決定，因此以資料補充為主」

配合對象、時機做調整，改變說話流程或使用材料。讓你的發表內容不但適時適地，且具有原創性。正因為花費那麼多的時間與心思來準備，因此我們不能只求度過眼前這3分鐘就好，將目標放長遠，下一步要學會如何靈活運用。

幫助你獲得聽眾聆聽的「3S」

終於完成說話的流程。材料也收集完畢，重點也已經整理出來。

最後的準備工作就是：說話方式與用字遣詞。

有三個重點。「**SIMPLE**」「**SPEED**」「**SELFI-CONFIDENT**」。

從前我在一本美國奇異公司（General Electric,GE）的相關書籍（＊1）中讀過，在描述「領導者特質」的內容中，曾經引述這三項要點。

所謂的口訣，當然是各方說法不一，但以我本身實際在研修中的教學經驗、加上在各種場合聽過他人的演說後發現，最有效的果然還是這3個要訣。我將它融合個人的註解之後，運用至今。

去除不必要的枝葉使之「簡潔（SIMPLE）」，發表內容就會產生「節奏感（SPEED）」。當「節奏感」浮現時，說話的樣子看起來就會「充滿自信（SELF-CONFIDENT）」。同樣的道理。只要有「自信」，自然不必牽扯太多無謂的話題，內容當然會變得「簡潔」。而「簡潔」的內容肯定具備「節奏感」，因此不會使聽眾感到厭煩。

簡潔、節奏、自信，三者環環相扣。無論從何處開始著手，都能發揮良好的相乘效果。

所謂速度，講求的是「節奏感」。如果只是說話速度加快，聽眾無法聽清楚內容，當然也無法產生共鳴。節奏的控制，必須足以讓聽眾充分感受、充分理解才最適當。

最忌諱的就是長篇大論的說明。缺乏節奏感的話，即使只有3分鐘，也會讓聽眾覺得相當冗長。反之，若能掌握說話的節奏感，即使是一場3小時的簡報，也能使人越聽越陶醉，甚至感到「意猶未盡」。

簡潔說話的技巧

現在我們就從如何使說話更加「簡潔有力」的方法開始談起吧！

在此，我想與各位分享3個小秘訣。

◀以「。」簡短說明

縮簡句子，並適當加入「。」修飾。大部分人都偏好以「，」將文章無限延伸，而顯少使用「。」

「關於〇〇這個部分，事實上以前也曾發生過△△的情況，但是類似□□這種特殊案例，也不能說是完全不可能發生……」

因準備不周而導致自己缺乏信心，反而更容易說話沒完沒了。因為太害怕冷場才不斷以「，」延伸話題，企圖掩蓋沉默。首先，請將「關於……的部分」這句子刪除吧！

「針對○○。以前也發生過△△。然而，也可能演變成□□。」

拿出勇氣來！說話時，請明確的斷句！

尤其在描述小故事、或一件事情的來龍去脈、以及親身經歷的時候，一定要特別注意。若沒有事先整理出自己想要表達的重點，而是一邊回想著一邊描述，會造成整段內容不見任何「。」，盡是長篇大論卻又說詞反覆。因此，請記得一定要事前將重點、流程妥善整理好！做起來絕不簡單，但只要經常多加留意，每個人都能夠辦到。

◀省略累贅的接續詞

以「。」斷句後的接續詞也要特別注意。常見的情形如：「然後……。然後……。此外……」或是「其次……。其次……。再加上……」一旦演變成這種局面，聽眾光是還在聆聽的當下，就開始對內容的印象越來越薄弱。剛剛第3點講了些什麼？沒有人記得。現在講到第幾點了呢？可能連自己都搞不清楚了。請將無關緊要的接續詞，大刀闊斧刪除掉吧！

尤其是「然後」「其次」「不僅如此」「而後」「事實上」「此外」……等接續詞的使用，必須多加注意。像這樣省略掉接續詞，直接由主語進入的話，反而更能夠突顯單字印象，營造出節奏感。

「（首先），就從大家都非常感興趣的數據部分開始談起吧！」

「（此外），另有一個完全相反的事例。」

「（然後），以成本面而言也保有極大優勢。」

必要的接續詞當然還是不能缺少，唯獨避免單獨使用即可，

「說明完基本概要。接下來想跟各位介紹的是，大家最感興趣的○○」

以一段迎合對方喜好的話相連接，作為延伸話題的媒介。

◀使用對方熟知的語詞

語詞的選擇也相當重要。表達方式若無法使聽眾明瞭，便毫無意義。因此，發表時應以簡單易懂的語詞、或對方所熟知的單字為主做說明！想要使用流行語或專業用語時，應先判斷對方是否能夠理解其含意，之後再做選用。

當必須在眾多人面前發表演說時，不少人會選擇以艱澀的四字成語、或聽起來非常專業的字句來做說明，表現出一副頭頭是道的模樣。然而，正因為人數眾多，聽眾的知識水準也更加參差不齊。解說要淺顯易懂，盡可能讓每位聽眾都能聽懂，這才是最重要的。

對於公司、部門的「內部用語」也要非常注意。平常在自己部門內慣用的詞彙，或許對別部門的人而言會感到格格不入、無法溝通。在外面對其他公司說話時也是同樣的道理，請在說話前再次檢查自己的講稿，確認是否參雜了不該出現的社內用語。

一些社內用語、口頭禪，往往我們自己很難去察覺到。因此，面臨重要的演說場合時，可以先請家人或朋友聽過一次，透過他人耳朵再三確認過會比較好！

除此之外，對於發表內容的長度，說話者與聽者的感受大不相同。也許自以為非常簡短扼要的內容，聽者卻覺得太過冗長，自己精心想出來的關鍵字最後只能埋沒在長篇大論中，不留半點印象。雖然只有短短3分鐘，至少也要做一次錄音，親自以耳朵聆聽確認。

無法簡潔有力地說話表達，顯然是準備不足的最佳鐵證。越是準備不周缺乏自信的人，越會沒完沒了的說話。因此，若要力求精簡，肯定也要具有相當程度的準備才行。

蒐集1．5倍的主論題材備用

製作演說腳本，計算時間，彩排演練——儘管如此，正式上場後，說話進行的速度通常會比我們原本預期來得更快，因此可能結束後仍然剩餘很多時間。

尤其當我們緊張時常會不自覺地加快語速、或是不小心漏掉一些原本預計要說的話、也有可能是在看到聽眾的反應後，立即判斷出「這些內容不適用於該對象」，為使聽眾更加投入聆聽而省略其中某些部分等等，有許多可能的原因。

若只是稍微短少的情況尚可接受，但如果太快提早結束的話，很容易帶給人準備不周的印象、總覺得少了些什麼。因此，當我受邀發表談話或演說時，通常都會額外準備比規定**時間多出1．5倍的主論內容**，以備不時之需。若是3分鐘的發表，則準備約為5分鐘的內容；若是應邀演說30分鐘時，則準備約40～50分鐘的演講內容。

稍微多準備一點題材，並在事前決定好優先順序。**簡單區分為：「今日談話之必要內容」與「時間不足時可捨棄的內容」**。

說是3分鐘，事實上這個時間比想像中『還能說』。常常有人以為「才區區3分鐘，這些內容就足夠了吧」，到最後卻只花費短短1分鐘的時間便黯然結束。

俗話說：有備無患。為了讓自己能夠平心靜氣的面對演說，必須蒐集更多的內容題材備用。

題材匱乏的時候，首先請打開今天的報紙吧！在瞬間映入眼簾內的數字、資訊……當中，是否已發現任何可利用的題材呢？

若是必須在會議中發表談話的時候，試著從這一週，上司曾經提過的數據中擷取引用；若是向客戶提案的情況，盡量回想上次、或前幾次見面時，對方曾說過的話或使用過的數字並加以利用。

假設距離正式發表的日期尚剩餘1週左右的話，不妨多多參考其他報章雜誌！應該會找到一些不錯的小散文或專欄。再者，比起一般大眾化的雜誌，不如選擇「雖然知道有這本雜誌的存在，但沒有多餘時間看」的這種雜誌，對於聽眾而言較具新鮮感。

純狂熱性的雜誌並不適合取材，應該多朝外國文獻的方向找尋；若演說對象為40～50歲的中高年人，可選擇較年輕取向的雜誌；若為社內發表，則選擇主顧公司相關的業界專業雜誌等。請一定要清楚註明來源出處，因此記得事先將雜誌名稱、出版社名稱、幾月出刊等資料也一併紀錄下來。

開口練習，不要光看不做

開場、主論、以及結語。這三部分的統整技巧，各位都確實掌握住了嗎？

何謂說話的間隔停頓、雙向交流感呢？我想有些細節部份，光從閱讀中學習是很難理解的。在進入下一個課程之前，請先參考本書第158頁的「朝會演說」單元，並試著開口唸出來。可以把自己的聲音錄下來聽看看，多注意小細節。

至於組織架構的重點，會在第五課中再詳細介紹。在放聲閱讀的同時，請留意以下3個重點。

①談論時事題材。所謂的朝會，不可缺少這類話題。

②由「事實」切入。長篇大論的陳述意見，很難引起聽眾的興趣。

③談論全體人員的目標、或是對大家具有正面助益的話題。

傳達正面訊息，使聽眾產生一股「成功在望！」、「努力做吧！」的衝勁。

朝會典禮上不論主管、同事、還是後輩，大家都會出席。因此話題太過無趣、死板都不適合。必須考量到現今團隊所面臨的課題、當前狀況，並期望這段『精神喊話』對同仁的工作表現有所幫助，激發出大家實踐的行動力，並想著「今天一整天也要好好加油！」為自己打氣。

※1　佐佐木裕彥《「GE」最強結構》（中經出版）

[LESSON 3]

外貌與說話談吐的『表達技巧』決定九成勝敗！

問候語的7秒鐘定勝負！

總算進入最後階段。開始加強自身的外貌與談吐的「表達技巧」吧！

現在，麻煩各位稍微移動身體。

第一眼的印象，極為重要。據說人與人之間的第一印象，在見面的第6～7秒鐘便下定論。而決定第一印象的最大因素來自於「外貌」。外貌甚至佔據了其中55％的比重。其次為「說話談吐」。聲音語氣、節奏、停頓、語調——決定剩餘的38％。

也就是說，當你站在聽眾面前，

「大家早安。我是來自GLOBALINK公司的大串亞由美……」

打完招呼的同時，便已經決定人們對於你第一印象的九成。

當然，主要還是得看說話內容而定。只是，當聽眾初次見到你本人，在你打完招呼的瞬間一刻，究竟他們心中會認為「唉呀，本人跟預期有落差呀！」、或是產生「到底接下來有什麼內容呢？」的期待。這儼然形成兩條分岔路。

我們必須加強本身的外在條件！

首先，矯正「姿勢」。錯誤的姿勢通通都到今天為止，徹底向它們告別吧！

◀「雙手」姿勢的基本動作

- 雙手自然垂放於身體兩側。
- 手掌朝內，中指貼放於裙子或褲子的側邊縫線上。
- 十指伸長、併攏。

這是基本動作。維持此姿勢，

「總共有3個重點。」

「○○先生／小姐，你認為呢？」

說的同時自由移動雙手，如此一來會讓動作更加突出。果斷地動作、再迅速收回。姿勢的強弱變換，具有紓解緊繃氣氛的效果。

當雙手握拳時，肩膀會自然使力，因此會造成聲音不易出來。打招呼時，有些人會將雙手疊放於身體前方，但如果整整3分鐘一直維持這個姿勢，似乎顯得過份緊張兮兮。除此之外，將手放在身體背後相握的姿勢也不妥當，很容易給人「偷藏一手」的印象。

活動手指的動作也遠比想像中引人注目。請勿出現揉捏手指頭、玩手指的行為。在研修時也是，通常我會請學生各自發表一段15秒鐘的演說後再給予建議，首先我一再強調的重點就是：雙手的位置。光憑一個小動作，就足以徹底扭轉印象。不相信的人大可一試就會明白！

▼「姿勢」如同嘴巴一樣會說話！

維持標準姿勢的作法：

- 首先，放鬆肩膀力量，輕輕挺胸。
- 伸長背脊，下巴抬高。
- 腳踝靠攏，腳尖稍微打開。男性張開約時鐘指針10點10分的角度；女性約為11點5分的角度。

此姿勢有利發聲。若以此姿勢向聽眾打招呼，當一開始說話，便能放鬆肩膀力量，自然地張開雙腳，動作流暢自在。

■標準姿勢

請各位實際操作一遍。剛開始或許會感到一絲不自在，但透過鏡子你將會發現，自己所呈現的模樣應是再自然不過了。必須親身去體會其箇中差別。

多試幾次之後彆扭的感覺會逐漸消失。而後記得在正式上場前「放鬆肩膀力量，挺胸……」，按照步驟一一執行。

發表期間，身體的方向也相當重要。盡量將胸口保持朝向聽眾的方向吧！即便需要使用到白板或投影機的時候，只要手和臉輕輕移向資料畫面後，立刻再恢復原位。

姿勢如同人的嘴巴一樣會說話。聽眾會藉由可見的物理性姿勢，推敲出『心境的姿勢』。若總是一副坐立不安的模樣，很容易被解讀為「準備不周」；而以過分放鬆的姿勢，即使說自己「盡了全力」我想也難以使人信服吧！

不光是身體姿勢，心境姿勢亦是如此，不要表現得過於傲慢也不需要太過卑微。不論面對什麼類型的聽眾，都要記得拉長背脊，保持標準姿勢即可。不可以隨便表露出「今天的聽眾好像非常捧場。簡單、簡單。」或「很難招架呀……大概沒人想聽吧！」這種的輕率想法。

即使台下有人一臉不悅，但也不代表他一定不會專心聆聽；而一臉笑意的人，事實上也可能正在想著別件事。重要的是，不要隨聽眾的反應情緒忽喜忽悲。

◀具備ＴＰＯ（時間、地點、場合）感的「服裝儀容」——在臉部四周增加亮點

當你在發表說話時，其實從頭到腳每個部位都正被聽眾一一審視著。因此，維持乾淨整潔、及ＴＰＯ感是非常重要的。穿著西裝的話，應合身但不貼身，身體要能夠自然擺動姿勢。袖長應在雙手垂放時，約能蓋住手腕骨的長度即可。身上的重點色彩應給人沉穩內斂的印象。若是繫上咖啡色系的皮帶，鞋子盡量也要以咖啡色系為主。以女性的打扮而言，若耳環是金色的，最好連胸針、手錶等物品都統一使用金色系做搭配，較具整體感。

站在人前發表時，男性以領帶、女性以胸針等物品，**在靠近臉部的位置增加亮點**。這個小秘訣能成功抬高聽眾的視線，進而注意到說話內容。

若想令人印象深刻、或引人對演說內容產生濃厚興趣時，領帶或絲巾可以選擇紅色、黃色、橘色等暖色系的「大膽色彩」。

而藍色這類的冷色系屬於「保守色彩」，當想要表現出穩重印象，並希望聽眾能夠靜下心來聆聽時，領帶跟絲巾也可選擇藏青色等顏色，會更顯莊重。

光是西裝口袋莫名鼓起、鈕扣沒有扣好、褲襪脫線勾紗等小地方一不注意，人們就會因此而對你的印象大打折扣。另外，髮型也最好不要是會遮住臉部表情的。盡量保持臉部四周的潔淨感吧！

基本服裝儀容的檢查重點在「正式上場前3分鐘的緊急應變技巧」（請參考第25頁）中也曾介紹過。發表當日早晨、或者有辦法的話就前一天晚上，最好先逐一確認過全身的裝扮。

如此一來，基本姿勢也已經大功告成。但是，真要在整整3分鐘內一直保持站立不動的姿態，可說是難度極高。因此下面我將教導各位7個方法，如何自然地移動、變化姿勢，使聽眾直到最後一刻都不會分心的秘訣。

如何帶動姿勢抓住聽眾的心

▶嚴禁「用手指指著對方」

當指出：「〇〇先生，您認為呢？」或「請參考圖表」之時，請將五指併攏攤平，以手掌指出方向。詢問「您認為呢？」語畢，手心向上；指示螢幕圖表「請參考……」，將手心朝向聽眾。當說到關於「全球性……」的話題時，可將雙手往兩側張開；說到關於「有3個重點」時，可用手指頭比出3的手勢……諸如此類。點出重點後再搭配上手勢的運用，具有凝聚聽眾目光的效果。請注意：姿勢必須放大、讓聽眾能夠清楚看見。

經常可看到有人在說話的時候，一邊不斷冒出手刀的姿勢或只偏愛使用單隻手做動作。然而過度無謂的擺動及手勢，會削減聽眾的專注力。

▶不搖擺晃動

請特別小心，勿出現「搖晃」動作。事實上有許多人會習慣性的前後、左右擺動身體、或不自覺的用腳點地。請將身體重心平均落在雙腳上，盡量不要隨便搖擺晃動。

就連在排練的時候，也一定要以正確姿勢站立。若只是獨自坐著喃喃自語地練習，等到真正站在大眾面前說話時，會很容易因身體感覺彆扭，頓時困惑了起來，變得腦筋一片空白。因此，如果正式發表時有攜帶備忘稿的話，練習時也同樣帶著備忘稿，將它視為正式發表來做練習吧！

◀單手握持備忘稿

演說的目的並不是在挑戰自我記憶力。若沒有信心能夠不攜帶任何小抄便直接上場發表的話，那就帶著備忘稿上台吧！但是，該備忘稿絕對不能蓋住臉。應以單手握持，並置放於胸部以下的位置。

請大大方方地觀看備忘稿。若是一副鬼鬼祟祟似的偷瞄，反而更顯奇怪。觀看備忘稿其實也是一種尊重聽眾的表現。

「〇〇小姐曾說過一段很棒的話。（**看著筆記**）

非常適合作為團隊口號的一段話。」

語畢，看著聽眾的眼睛，同時將這段話介紹出來。若是一邊看著筆記、一邊說出重點字句的話，嚴重缺乏張力。

發表到一半，若認為已經不需要再使用備忘稿時，便可擱置一旁、或收好疊起來。

雖然只是個小動作，但如此一來卻能夠令人覺得「哇！發表人在說話時充滿自信」。筆記最好對折起來，盡可能以方便拿取的尺寸為主。統一整理寫在一張**比A4還小的紙張**上吧。

◀麥克風保持適當距離並放低

若是在宴會中的發表，可能也會有需要使用麥克風的時候，保持「遠距、壓低」是最基本的姿勢。現在麥克風的感應度都相當好，因此就算距離遠一點也不會影響收音效果。

若是使用手持型麥克風的話，請將手指併攏，單手拿取，並置放於胸口附近。麥克風絕對不能擋住嘴巴四周的表情。最好能夠讓聽眾幾乎快忘記麥克風的存在，確實與聽眾維持眼神的交流。

◀說話中70％的時間，必須達到眼神交流

眼神交流固然重要，但如果不斷告誡自己絕不能只匆匆一瞥就移開視線的話，反而會更加緊張。首先以「七成眼神交流」為目標吧！

「大家都讀過今天早上的報紙了嗎？」，使聽眾的視線移向該處，

還有另一個方法，例如說著：「今天是久違的大晴天呀。」同時手指著窗戶方向，緊接著

說：「此刻愉悅的心情，非常適合演說」，再次凝集聽眾的視線。

演說主論時，偶爾看看手中的備忘稿、或拿出資料。剩餘三成沒有與**聽眾做視線交流的時間**，也要想辦法吸引聽眾的目光。

◀站在一個可觀看全場、且全體觀眾都看得到自己的位置

為了達到眼神交流、並能夠靈活運用手勢，站立位置也非常重要。請站在一個能夠看到全體觀眾、且全體觀眾都看得到自己的位置上！如果無法看清楚說話者的臉部表情或動作，聽眾很容易就會感到厭煩。那是因為一旦聽眾失去被說話者「看見」的緊張感，往往就會大肆地與鄰座的人閒聊、或開始做其他事情。更糟糕的是，這種負面氣氛會漸漸蔓延至周圍環境。

使用POWERPOINT的時候也是，切記莫讓自己成為一名『電腦操作者』。至少在開場時一定要遠離電腦，站定於一個可觀看全場的位置之後，再開始發表。

◀不需要刻意擠出笑容

雖然保持微笑非常重要，但也不必一直面帶笑容。配合說話內容，有時可能保持嚴肅表情會比做出笑臉來得更加合適。只要真心與聽眾交談，應該就能夠表現出自己最自然的表情、且符合當時的環境氣氛。

表情過於僵硬的話，不小心說話語氣就會像是在念稿。

當聽眾視線一下子全集中到自己身上，肯定會非常緊張，此時可鎖定台下其中一人彼此交換視線。先跟「這個方向的聽眾」、再與「那個方向的聽眾」分別做一對一式的交談，自然而然地臉上表情就會專屬於「此對象」，因此語氣也會跟著改變。而隨著表情和語氣的變化，會帶動整場演說的走向。

若因緊張過度流汗的時候，應向聽眾說聲「不好意思」並迅速抹去汗水。如果刻意迴避聽眾的視線又頻頻拭汗的話，令人感覺像是在隱瞞著什麼似的，其實只要確實與聽眾交換視線，根本沒有人會在意這個動作。

此外，若是在說話前就滿身大汗的話，會給人準備不足的印象。聽眾也無法靜下心來聆聽。

通常我會在研修開始的1個半小時之前，先到會場附近咖啡廳之類的地方，自己反覆不斷地演練。所以在夏天進入會場前我首先會確實擦乾汗水，做好自己的心情與演講準備。這也是我在正式發表時能夠保持不緊張的重要秘訣之一。

最後，我列舉出幾個「常犯的NG行為」例子。（請參考左頁圖示）

下面不是在開玩笑。人們對於自己某種不經意的姿勢、動作，經常就連本人都很難察覺到。說不定你自己現在也正這麼做。請站到鏡子前面，好好檢視一番吧！

■NG行為9連發

……一副驕傲的神情

背地裡究竟隱藏著什麼？
內八站姿給人無法信賴的印象

不斷出現拉褲子的動作，
非常難看

自我陶醉？請將頭髮
牢牢固定住

筆好像隨時會飛出來，
令人無法集中精神

禁止照稿逐字宣讀

用手指指人有失禮節

心不甘情不願的演說？

背對聽眾的姿勢，
令人無法聽清楚聲音

TEA BREAK **檢測自己的表達能力指數**

在剛剛的單元中各位稍微活動了一下身體，因此暫時休息片刻。雖說如此，還是想請各位動動頭腦。首先，請準備一枝筆。

這是為了鍛鍊並精進自我表達能力而進行的一項『問診』。試著一邊回想自己平常工作時的模樣，認為符合的請打○，兩者皆非請打△，不符合的請打×，請誠實作答。

- □ 能以較大的音量說話
- □ 說話聲音具有抑揚頓挫的節奏感
- □ 打招呼的時機合宜
- □ 比起否定句，更常使用肯定句
- □ 經常說「謝謝」等感謝的話
- □ 能夠快速記住人名，並正確做出稱呼。
- □ 不散播他人或公司的不實謠言
- □ 說話時看著對方的眼睛
- □ 經常被人誇獎「姿勢優美」

□做事積極有效率
□服裝儀容整潔乾淨，給人良好印象
□經常面帶笑容
——針對會議中的行為舉動，也稍微調查一下。
□總是提早進入會場
□當會議室或桌上凌亂不堪時，會主動整理
□發言、發表時，遵守規定時間。
□事先檢查講義或參考資料……等分發資料是否有漏頁、重覆的情況。
□謹守應有的禮儀規範對待上司、長輩

結果如何呢？是否發現「△」比想像中多呢？

不知各位是否能夠明白，我詢問這些問題的真正目的是什麼呢？

這是因為，**日常生活的行為舉止，會直接反映在演說上**。平常話就很多的人，在發表時也無法確實於規定時間內完成。平常說話就非常粗魯無理的人，在發表時也無法說出優美的詞彙。或者平常不曾有過這種舉動，當然也決不可能一站在人前就能夠立即堆滿笑容、展現精神充沛的一面。

這份檢測表其實是一個工具，有助於各位朝向正確姿勢做努力。自信滿滿填上「○」的項目，正是你的強項。針對這個部分再加以提昇吧！

反之，沒有填上「○」的項目，就是你必須從日常生活中著手改善的重點。時時留心注意，自然而然地就能學會。

「自覺」——是最佳良藥。在充分了解自己的弱點之後，趕快回到課程上吧！

透過「張口&滑舌」發音訓練，學習口語清楚地表達

整理完「外貌」之後聽眾即可安心繼續聆聽，因此下一步將進入磨練「聲音、語言」的部分，創造出一個毫無壓力的聆聽環境。足以使台下最後一排的聽眾，也能簡單聽懂的語速、聲調、音量是最基本的要件。

- **語速**——說話速度不能太快。但是，說話速度過慢的話也會令人感到焦躁不已。話說得再快，一個段落也一定要適當地加入間隔加以停頓。必須將整段內容簡短、並完整地交待完

畢。

- **聲調**——女性的聲調應保持情緒平穩，男性則要注意避免聲音過於低沉。姿勢要正確，說話時應以腹部使力，如此才能輕鬆控制自己的聲音。
- **語調**——聲音該上揚的時候就上揚、該降下的時候就降下。例如：「大家（↑）早（↓）」，將句子想成是一座小山坡，弧度圓滑飽滿。語尾的語氣不可隨意揚起、含糊不清、或刻意拉長尾音。
- **音量**——並不是越大聲越好的意思。發出「阿——」的長音，同時上下移動下顎，試著找出自己最輕鬆的發聲角度。

採取這個角度，確實由腹部發聲。之後再觀察聽眾的反應如何，一面慢慢調整音量大小。

聲音的抑揚頓挫也相當重要。說話聲音較大的人在碰到關鍵字句時，可將音量稍微降低；反之，說話聲音較小的人，可試著在關鍵字上加強音量。

「最重要的是……（**改變音量**）的表達技巧。」

在重點字出現的前1～2秒，稍微停頓一下。

將每個單字一字一句地清楚發音也是相當重要的。如此一來，即使音量不大、或單字難度偏高，但只要發音準確，聽眾也能夠明白聽懂。

搭配「AIUEO」的張口練習，亦可藉由繞口令輔助做滑舌練習。

◀「AIUEO」的張口練習

嘴巴張大成圓形，發出「A」的聲音。張開程度至少要可放入3根手指的大小。發「I」的音時，以將嘴角往兩側拉開的感覺，嘴巴往橫向張大。「U」則微微尖起嘴巴成一小圓，「E」將嘴巴張開猶如一四角形。不論往上下張開也好、往兩側張開也好，記得將嘴巴張大來發出音量。「O」的部份，想像將嘴巴往內凹成一個空洞，縱向伸長張開。

尤其是平常經常被說聲音太小的人、或講話時經常被反問「啊？什麼？」的人，特別需要加強練習。做過嘴巴的柔軟體操之後，發音狀況可以獲得改善。

■張口練習

「A」
「I」
「U」
「E」
「O」

◀利用空閒的時間繞口令練習滑舌技巧

和尚端湯上塔，塔滑湯灑湯燙塔；和尚端塔上湯，湯滑塔灑塔燙湯。

——首先是暖身題，請一面張口發音、一面意識嘴型A（Ｙ）的變化，逐字逐字地發音練習吧！

七巷一個漆匠，西巷一個錫匠，七巷的漆匠借了一點西巷錫匠的錫，西巷的錫匠借了一點七巷漆匠的漆。

——再來是I（一）的練習。請一面張口發音練習，一面注意語調的抑揚頓挫。

東家王胡，西家汪虎。王胡洗碗櫥，汪虎擦茶壺。洗淨了碗櫥放茶壺，擦亮了茶壺放碗櫥。

——接著是U（ㄨ）的練習。比較困難的是最後兩句，請慢慢地加快發音的速度，鍛鍊嘴角的表情肌。

姐姐借刀切茄子，去把兒去葉兒斜切絲，切好茄子燒茄子，炒茄子、蒸茄子，還有一碗燜茄子。

——再來是E（せ）的練習。能夠一口氣念完、清楚地發出每個字的讀音嗎？這個音調算是比較困難的部分，請多加練習幾回！

看我非我，我看我我亦非我；裝誰像誰，誰裝誰誰就像誰。

——最後是O（ㄛ）的練習。雖然簡短，但想要說地流利也相當困難！

以上列舉的是一些常見的繞口令。搭配繞口令的「張口&滑舌」的發音訓練，在空閒的時候以帶點玩心的輕鬆心態練習，即使是日常的對話也會漸漸產生變化。請你務必要嘗試！

引起聽眾聆聽興趣的「說話方式」三要訣

挑選適當的「用字遣辭」也是表達技巧中相當重要的一環。

即使是說同樣的內容，但表達方式不同的話，聽眾的接受度也會產生極大差異。原則上，良好的說話方式，應取決於談話中是否能夠「給予對方正面的價值」。在此我將介紹三種簡單速成的小秘訣，提供各位參考。

首先：**「前置」改革**。

「如讓各位感到無趣的話，真不好意思……」「對於我的準備不周，深感歉意……」

諸如此類，帶有負面思想的前置語，請立刻吞回去吧！也許本意是為了表達謙遜之意，然而當聽眾一聽到這些話，很容易失去繼續聆聽下去的動力。

「接下來的內容可能較為困難……」

這種聽起來像是藉口的話語也最好避免。

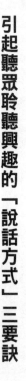

「接下來可能會出現各位不太熟悉的單字，然而，所謂的服從（compliance），是與各位工作上息息相關的1個重要課題。有3個要點，請各位務必銘記在心。」

以此方式，確實表達出：「雖然有點困難，但是非常重要。」的大原則。將演說內容的聽與不聽的利、弊之處一一分析出來。

「各位可能已經知道……」、「我想各位應該知道……」

這也是經常出現在發表中的一個前置語。若將這句話改成：

「〇〇，各位知道嗎？」

就能輕鬆製造出雙向交流感。語畢，稍微環視台下聽眾的反應，

「應該有些人已經知道了，但也有人還不清楚，為了慎重起見我再重複說明一次。」

以此帶到接下來的談話。如果現場不知道的人數較多時，

「乘此機會，希望各位仔細聆聽，並從今天開始多加運用。」

同時表達出希望聽眾能夠記在心裡的期望。反之，另一方面也有可能大家早就知道，這樣的話便以

「非常感謝。大家好像都已經瞭解了，在此請容我不再詳細說明。」

配合聽眾的反應調整說話內容。省略多餘的說明，對聽者而言也是好事。重點在於：當投

出一個問題後，必須視其反應來決定下一段話的內容。

「知道的人請舉手好嗎？」

要求對方以動作回應，事實上難度頗高。提出問題後只觀察反應即可。

而我經常採用一個方法。

「知道的人……」

話一說完，**舉起自己的手**。不直接詢問，而是以實際動作表達。保持單手舉高的姿勢，環顧四周的聽眾，靜待數秒鐘。

最多的一種情況就是：

「其實我非常不習慣這種狀況」、「其實我很不擅長在大眾面前說話」

「我知道大家或許也聽得很累了，但請大家再借我3分鐘時間。」

將這種話作為前置語。其中當然也有人認為自己只是誠實說出心聲，應當可以被允許吧！然而我卻覺得這麼做根本就是犯規的行為。老實說，即使聽眾聽到這番話也不會有任何反應，況且這樣就等於是在說：「請多加忍耐」、「就算表現不佳也請多包涵」一樣。

「我的聲音可能有些顫抖，但我會盡全力將想法表達出來。」

「中途若有聽不清楚、或不明白的地方，請不要客氣，隨時都可以提出來。」

必須表現出自己竭盡所能地在為對方著想的姿態。

第二點為：**「字彙」改造**

例如：「古老」這個詞，可以替換為：「歷史久遠」「豐富實績」……等字；如果指的是物品，可以使用「經年累月」「長期愛用」……等，換句話來說。

相反地，若是「歷史較短」的話，則以「年輕有活力」「發展前景值得期待」等替換。雖然不可以欺騙或故意奉承，但有時候改換一個說法，會帶來不同的感受與結果。從日常生活中做起，經常保持找尋「有沒有更好說法？」的習慣，如此一來，即使面臨緊張的場面，腦中也會自然而然地浮現許多詞彙。

第三點：**「亦負亦正」的說話方式**

在發表想法、企劃案、或新商品的提案時，必須同時傳達正面及負面的兩面資訊。

這種情況下，與其說：

「這個產品非常棒，唯一美中不足的是價格偏高。」

倒不如改以：

「價格多少會調漲一些，但處理速度卻比其他同產品快上2倍。」

「雖然較為耗時，但成品的精美度與耐用度大有改善。」

將負面的訊息放在前頭，再以正面評論作為文章結語。

如果光是列舉出正面訊息，聽完後通常聽眾會自動開始思考它的負面缺點，最後可能就會提出「那麼，到底多少錢呢？」的問題，變得我們也只好支支吾吾回答：「啊，關於價格方面，可能稍嫌高了一點……」。一旦演變成這種結果，就算聽眾一開始並不特別在意價格問題，到最後也會在心裡產生「這個產品非常昂貴」的刻板印象。

因此，越是負面的資訊，就應該越早提出越有利。

因緊張而聲音顫抖時的『神奇咒語』

當自己表現得越在意，其實對方反而會越不在意。如果一直想著「不能發抖不能發抖」，就會讓自己變得更加緊張。首先，請將肩膀的力量釋放開。

假設第一位上場的發表人一副信心滿滿，且整體表現相當生動流暢。而接在他下一位的發表人不但聲音微微顫抖、不斷冒汗，還在說話的途中詞窮，可是他卻將自己所想傳達的訊息用自己的方式，認真、誠懇的說明完——。你認為，哪一位的演說更令人印象深刻呢？

相較之下，反而是說得有如行雲流水的一方，較不易與聽眾產生共鳴。話語流暢地穿過耳朵，卻不留下記憶——光是自顧自地說得很開心，沒有任何意義。**「不感到緊張，流暢地表達完整」——並不是我們努力的目標**。自己越是期望達到這個標準，其實才是引發上台恐懼症的主因之一。

假設有特效藥的話，我想那就是：萬全準備、反覆練習，並提早進入會場——。當然，即便如此可能還是免不了緊張。

我自己偶爾也會發生聲音發抖的狀況。然而，我相信這只是暫時現象，過不久就會恢復以往的平穩。因此最好的方法就是：坦然接受「聲音正在發抖」的事實，並讓它順其自然。有時候也可能會遇到實況播出的場面。

「不知道大家是否有發現我的聲音正在顫抖呢？

我自己也沒想到會這麼緊張。今天，我一定會全力以赴。」

與其想盡辦法要找出停止聲音顫抖的方法，倒不如花心思去找尋專屬自己的『魔法咒語』吧！

你可以用手指一一確認服裝儀容，檢查完畢後對自己信心喊話：「今天非常完美！」；亦可藉由「ＡＩＵＥＯ」的張口練習，放鬆臉部肌肉；站在鏡子前面大聲喊出：「lucky・

cookie・whiskey」，再試著做出微笑。又或者是，找出今天發表中一定要傳達的事項——亦即中心思想，並至少在內心重覆背誦三次……諸如此類。

致力於傳達對聽者有利的資訊或情報——當聽眾感受到發表人為此努力不懈的模樣，一定會仔細聆聽其內容，因而造就一場令人記憶深刻的演說。

[LESSON 4]

成功駕馭「3分鐘」，即使日後面臨一對一商談、或1小時簡報也都能迎刃而解！

鍛鍊3分鐘演說能力，提高一對一商談的成功率！

完成前面三堂課，我已將所有3分鐘演說的技巧傾囊相授。請各位務必以正確的方法實踐，並加以活用。

絕不能夠貪心，想要一次用足所有技巧。每回發表時，以類似：「今天著重於『停頓』的部分」或「這次將捨棄無謂的前置語，刪除一半的接續詞！」的方式，為自己定出課題後，再一一確認其效果。

表達能力的改善、聽眾的反應——當實際感受到『變化』，自我程度將會顯著提高。

好不容易學會「3分鐘」技巧，

如果只用在演說的話，豈不是太可惜了。

不論是一對一的商談、或1小時的簡報，基本原則都是大同小異。

- **思考對於聽者有利的「聽者動作」，並以此為主軸來構成談話內容。**
- **透過「開場」掌握整體，在「主論」中取得理解與認同，最後以「結論」適時的在聽眾背後推一把。**
- **能夠讓人安心聆聽的「外貌」，且「聲音」及「用字遣辭」不能使人感到負擔。**

除此之外，若是簡報的情況，「解答疑問」的技巧也是不可或缺。

希望企劃案通過審查、希望對方購買商品、希望成果與實績能夠獲得認可……等，每個簡報都應當有明確的目標。不能光是說明完，最後以一句「請各位多加參考」作為總結了事。應該循序漸進地引導出問題點，並一一解決聽眾的疑問、顧慮，在簡報過程中提出來一同討論。

若希望聽眾能把自己當作一名『當事者』來聆聽長時間的簡報，為了不讓聽眾感到厭煩，我們必須下一番苦功。在此章節中我將一併介紹活用POWER POINT（PPT）的基本技巧。

其實一對一的商談，比演說更加需要所謂的「獨創感」。

用字遣辭不能太過通俗，最好以該對象喜好的用語為主。話題不能太過大眾化，而是針對該對象感興趣的話題做談論。不能只是一股腦地「說話」，若能引導對方加入內容，使對方成為話題的主角才是最重要的。

「不擅長演說，但如果是一對一面談就無妨……」這種人其實還滿多的。話雖如此，然而我發現這個類型的人在面對一對一交涉的場合時，其實也進行的不太順利。只是因為對方正坐在你面前才不得不聽你說話，無可奈何之下勉強聽完罷了！我想對於聽者而言，折磨程度可能遠遠超過被迫聽了一場糟糕的演說。因此，越是認為自己「一對一面談沒問題」的人，反而得到對方首肯「YES」的機率更加微小。

由此可知，只要好好鍛鍊3分鐘演說能力，就能夠提昇一對一商談的成功率。

每個「3分鐘」都是改變世界的力量

身為人類，基本上應該都是喜歡說話的。即使是口才非常拙劣的人，其實還是想要說話吧！如要人們靜下心來聆聽，3分鐘大概就到達忍耐極限。因此，不論是一對一的商談、或是1小時的簡報，都請試著以「3分鐘」為主軸加以組織構成。

開場3分鐘。結論3分鐘。至於主論的部分，先整理出重點傳達事項，盡可能也以「一段落3分鐘」為構成標準。

不可能有3分鐘還無法結束的話題。請發出音量，實地演練。

沒辦法控制在3分鐘內完成的原因，大概與話題的枝葉過於繁多、重點不夠集中……等原因有關。不妨將商品的「說明」與「事例」分成兩段話、或將3個特徵劃分為三段落再各別說明……等，將每一個段落的重點加以濃縮統整出來。

一個段落內容若超過3分鐘，不論對聽者、或是說話者而言都是一大負擔。

為了避免聽眾感到厭煩、或自己集中力下降的情況發生，每經過3分鐘都盡量改變一個話題。或者是說，稍微改變一下情境！例如：發表當時尚未使用任何資料的情況下，

「那麼，請各位參考一下手邊的資料。請翻開第○頁。」

藉機讓聽眾活動手指。如此一來，透過翻閱資料的聲響，不但可以流通現場的氣氛，亦可達到『停頓』話題的作用。另外，若是一邊使用資料一邊說明的情況時，

「到目前為止，有沒有任何問題呢？」

中途丟出一個問題，或是等到商品說明告一段落之後，

「已有其他企業先行成功導入這項產品。」

語畢，在螢幕上播放POWERPOINT的資料。同樣也是在3分鐘後立即消除畫面，能夠有效達到轉換現場情境的作用。

我在研修的時候也是，在沒有使用任何資料的情況下，會盡可能將時間控制在3分鐘以內。每說明3分鐘後，便適當向聽眾提出問題、或請聽眾閱讀講義。亦可請聽眾動動手指在調查表上填入不是英文而是幾何圖案的○×、或進行分組討論。

若不利用小道具來轉換話題，最大的訣竅則在於：『**停頓**』與『**切入語**』的用法。假設，目前正針對成本問題進行探討。說明結束後，在心中默數「1、2、3……」

「交貨期，是大家都非常關注的問題吧！」

切到另一話題。

不需要使用類似：「那麼，接下來……」的接續詞，直接換新話題即可。

光是聽到「好的，接下來是關於……」這種話，很容易就會使聽眾產生一種「怎麼還有啊……」的厭煩感。

想要改變世界，首先請大力捨棄累贅的口頭禪。多餘的「嗯……」「那個……」「啊……」

等用字，會破壞話中的停頓感，請盡量避免。另外，「果然」、「也就是說」、「相反地」「總而言之」……等意義不大的用詞，也最好不要接二連三的密集使用。不是經常有人嘴巴明明說著「相反地」，可是說出來的話卻不包含相反的意思；說著「總而言之」，卻沒有將重點好好集中整理。

「說實在的，關於這個問題呢，尤其是這個部分，實在非常困難吧……」

上述句子中，這種毫無作用的語尾用法，也要徹底刪掉。

「是的。那麼，趕快開始吧！」「……出現這種成果。是的。」

「是的」這個字的使用，可說是發表演說、或簡報中出現頻率最高的無用字之一。如果是連續性的頻繁使用，聽了實在非常礙耳。我想突然要求完全不使用這個字可能很困難，因此一開始不妨先以「每出現兩次就刪掉其中一個」的方式，試著將次數減低。有意識地去刪減的話，剛好可以營造出自然的『停頓』感，使下個字詞更加彰顯。

若是簡報的情況，1小時內至少必須要有3分鐘不開口說話的時間。並非指整整3分鐘不說話的意思，而是包括：停頓時間、展示小道具、丟出問題後觀察聽眾的反應……等零零總總的動作加起來需達到3分鐘左右。

還有，為了預防時間剩餘很多的突發狀況，請先另外準備好3分鐘的備用題材。要在心中常保各式各樣的三分鐘題材，這樣就能輕鬆視當場聽眾的反應而定，臨時做增加或替換。

「雖然來不及準備投影片，但為了加深各位的理解，我再介紹另一個實際案例提供參考。」

隨機應變，做出『專屬此對象』的簡報，會令人留下良好印象。

每3分鐘結束一個段落，以3分鐘為單位創造出一篇完整內容。按照這個原則去編排的話，即使在說話過程中稍微偏離方向，一定也可以立刻回到正路不至於迷失自我。記住偏離主題的時間不能太長，且包括其它預備題材在內，全部內容至少都要實際發聲練習過一次，唯有這樣才能協助自己抓住「這就是3分鐘」的感覺，學習掌握時間也是非常重要的。

一對一商談高手懂得如何利用對方的話語

一對一商談基本上也是相同，決不能單方面的說完整整3分鐘。一件事，必須是由3分鐘的『對話』所組成。

同一個話題持續做3分鐘以上的catch ball，對方也會漸漸感到不耐煩。若是希望「話題能夠更加深入」的話，可試著在經過3分鐘後開始投出變化球，藉此改換新的視野、世界。請善加投擲變化、或活用其他小道具。

特別是一對一商談的情況下，我們可利用一點小提示來使自己說話時『獲得聽取』，而這個提示會遠比在單獨發表、或簡報時更容易被聽眾接受。正因為擁有這項優勢，所以比起自顧自的說話，更重要的其實是要給予對方說話的機會、並專心聆聽對方說話。並且從中發掘對方的重要關鍵字、及其偏好的字句，再拿回自己的話中重複使用。

例如：當你投擲出

「為提昇顧客滿意度……」

對方立即回應「嗯嗯，CS呀」

此時，你可以在之後的談話中，使用CS替代顧客滿意度。就算今天自己最想傳達的重點在於「效果面」，然而對方卻一再提及「成本、成本」的問題，那就先順應對方，由成本話題切入吧！談話內容的組成，應配合對方的需求與關心的事物為主，再加以調整說話順序、或音量大小。

這麼說來，意思是可以雙手空空的過去，等聽對方怎麼說，再當場決定自己話題的走向就好了嗎？並非如此。如同前面說明過的關於3分鐘演說的「主論」調整方式，必須是要配合對象類型、與這次商談的時機問題，於事前思考怎樣的說話順序、題材最容易讓對方明白聽懂？因此，某種程度的準備當然不能缺少。

即使是初次見面的對象，自己也應該事先想好：「當對方聽完我的話，可能會抱持什麼樣的疑問．顧慮？可能會提出什麼樣的問題呢？」，請仔細思考這個問題。

成功的提問，可增加與聽眾之間Catch Ball互動

投擲、提問——可說是在維持與聽眾間的雙向交流感時，非常重要的一個道具。不論是一對一的商談、還是發表簡報，都必須具備問題投擲的技巧。

關於高超的提問技巧與訣竅，請看以下介紹。

思考問題的「目的」

「請問，現場有人是第一次參加研修課程的嗎？」

例如這樣一個簡單的問題，若是請聽眾以舉手作答的話，就能自然地促使對方消耗精力。

假設問題本身足以讓對方說話回答出來，會更加完美。記得詢問之前一定要先說：

「為了提供今天在場的各位一個最適合大家的研修課程，
請允許我先提出幾個問題。」

今日為了什麼目的必須讓對方費神？請將問題的訴求與原因傳達給聽眾知道。若沒有事前將作答的好處確實使聽眾明白的話，很容易使人產生「為什麼我非回答這個問題不可呢？」的想法，別說什麼雙向交流感了，反而會促成與聽眾之間的鴻溝。

提問的主要目的，除了希望更加掌握聽眾的需求與其背景資訊之外，其它也有像是：以打破僵局為目的的問題、或是誘導該場合中的關鍵人物發言為目的的問題。

打破僵局的提問時，

「大家不認為銷售額其實還有成長的空間嗎？」

這種問題可能會造成對方難以回答、不願意回答、或不知道該如何回答的窘境，請務必避開。

「○○先生，若將這次目標設定為△△的話，您認為妥當嗎？」
「此3個要點之中，○○先生對您個人而言，最重要的是哪一項呢？」

促使當中的關鍵人物發表自己的意見，透過答案進而與該對象共享一個主要前提或方向性，藉此機會獲得其他聽眾的接納。即使我們明明知道答案就是「成本」，但若能取得關鍵人物回答：「是成本」的答案前提下再開始發表的話，比起自己滔滔不絕地說明：

「今天我將針對成本問題發表我的看法，原因在於……」

更具說服力及影響力。

以讓人容易回答的問題為主

最初先用能夠簡單以YES．NO作答的問題為主。例如：

「請問各位是否有過簡報的經驗呢？」

而後，

「我想再請問一下有經驗的人。

經歷過1～3次的人……、4～9次的人……、10次以上的人……」

「在大眾面前說話感覺吃力的人……、還稱得上拿手的人……、兩者皆非的人……」

先給予對方多重選項，再從中挑選出符合的項目。這麼一來，就會產生雙向交流感。

重點在於，這些選擇題中的項目，必須要讓全體人員都能夠參與舉手作答。「YES」或「NO」都說得通的情況下，應在選項中加入「兩者皆非」或「不甚確定」的選項。

「請從3個選項中找出1個最接近的答案，並以舉手作答。」

「大致符合即可」

加一句補充說明，會讓聽眾更容易回答，且自己也較容易獲得回應。

邀請聽眾參與問題，但不能造成對方的負擔——這是發問時的鐵則。

提問「時機」與挑選「對象」

在發表演說或簡報時，並不是在場的每一個人都會專心一意地聆聽其內容。

若是忽然對正在發呆的人丟出一句：

「○○先生，您認為呢？」

這是非常唐突的行為。不管是答不出問題的當事者、抑或是周遭的人都會感到一陣尷尬。

在這種氣氛中，相信連你自己都很難繼續往下說。因此，發問時應該找尋適當的時機，

「現在我想請問大家。最近一次聽到○○這個詞，大概是多久之前的事呢？」

先行預告聽眾接下來即將進入發問時間。而後，

「那麼，我方便請問一下○○先生嗎？」

針對某對象提出請求。如果台下有人看起來一臉睡眼惺忪的樣子，是我的話，會選擇問他**身旁的人**，

「○○先生，可以請你念一下這邊嗎？」

當鄰座的人開始說話，如果是正在發呆的人應該就會莫名緊張起來，心想：「糟糕……不

能不專心聽了」。所謂的問題，是為了促使人們聆聽說話內容而存在。因此，絕對不要讓聽眾因而感到羞愧、或困擾。

指名發問的時候，必須慎選對象。儘管台下大多數為初次見面的人，但只要看著對方的眼睛，說話時一邊觀察情況，應該不難發現1～2名的友好聽眾。

將對方的答案視為事實，給予尊重

這是身為一名發問者所必須具備的禮儀。然而事實上卻有許多人根本沒有在聽對方的話。因為他們早已內定好答案，事先編入講稿中了。

「為了○○相當煩惱吧？」丟出問題後，

即使對方回答：「不，沒有特別覺得困擾……」

「這樣啊，但是實際上對此感到煩惱的人卻不少。因此……」

不但顯得慌慌張張還無視對方的回答，只管自顧自的說話。這麼一來不僅是作答的人，就連其他聽眾，對於說話者半強迫式展開話題的作法都會感到失望不已。

「這麼說來，想必代表您的使用方式非常正確吧！

稍後請一定要跟我們分享一下秘訣！」

肯定對方後，

「上週我以20人為對象舉行了一場聽證會，調查結果發現：現場八成左右的人表示，使用情況確實『有難度』。好像還是有許多人感到非常困惑，因此今天我將針對這個部分加強說明。」

將話題拉回自己的談話內容上。另外也可以說：

「多虧還有這樣的人存在，令人頓時感到信心百倍。因為經過前幾天的聽證會調查後，竟發現20人之中竟然有16人回答：使用不便！我正因此感到相當沮喪。然而，由於能夠靈活運用的人尚屬少數，今天我將針對這16個人的情況做補充說明。」

以上述方法連接話題。最重要的是：**必須將對方的答案視為一個事實存在，充分給予尊重。**

「即使您這麼說，但實際上我認為還是非常困難。」

「我想這應該是例外吧。因為大部分的人都認為相當困難。」

如此窮追不捨地去否定對方，非常不恰當。準備問題時就必須先預測各種可能出現的答案，於事前擬好對策，應該如何接納對方的答案、並讓話題能夠繼續連接下去。

「回返1．5的對話」技巧

問題不能光是一問一答就宣告結束。

「〇〇這樣嗎？」「應該△△。」「也對，可能性滿高的！」

最後記得再將球回傳一次，以回返1．5的對話方式進行，瞬間就能營造出雙向感。最後的這顆球，可以是接受對方的意見、並一邊感到佩服：

「原來如此，是〇〇呀。真的非常謝謝您。」

亦可多加補充一句感謝的話語，對於對方肯作答表示謝意。若是答案不在預期之內的話，

「這可真是令人訝異呀！我頭一次聽到。」

必須給予接納。雖然覺得震驚但卻能夠表示認同，對於對方而言會是一件值得開心的事。

然而請切記，這顆球所傳遞的訊息必須是回答該問題的人與在場全部的人，所一起共同擁有。例如：

「原來如此，〇〇這樣呀。」

回覆本人的答案後，同時再次重申關鍵字，確保全體人員都已經聽到。

「謝謝您寶貴的意見。」

說的時候不要忘了也要與其他人交換視線。

若能善用**最後回返0．5的技巧**，即使是一個再簡單不過的問題，都可以立即使場面活絡起來。

學習「質疑應答技巧」，面臨突發狀況時也不驚惶失措

所謂的問題，不僅是由自身出發，能否讓他人主動提出也很重要。不論是簡報、或一對一的商談皆是如此。當獲得越多詢問，也就意味著「**已經獲得對方聽取**」。請在談話的最後、以及段落與段落之間，隨時詢問：

「有沒有任何問題呢？」

然而，一旦問題處理不當，可能會導致極為嚴重的後果。它牽涉到能否獲得聽眾接納、以及自身評價的好壞，因此請務必要徹底學會質疑應答的技巧！

◀自己掌控答覆的時機

對於簡單的問題、或確認性的問題，最好即刻回覆！但是，假設是當自己想要針對前三張的投影片做說明的情況，這時卻突然被聽眾問到：「那個，最後到底是如何呢？」。如果自己按耐不住回答出：「嗯嗯，關於那個……」，不自覺地將話題超前的話，會造成整個說話

流程一瞬間崩塌摧毀。

面臨這種狀況時，應先說明：

「我認為這是非常重要的關鍵所在，我已經準備好相關參考資料。

但在這之前，請允許我由前提開始依序往下做說明好嗎？」

請聽眾耐心等待，並拿出前面三張的投影片，

「稍後我將回答這個問題。現在我先就成本問題進行解說。」

必須在已接受問題的立場下，延續話題。

倘若是被問到自己所沒有準備的資料時，也絕對不能表現出驚惶失措的模樣。

「下週，將會有最新的資料公佈出來。請各位耐心等候，

待知道正確數據後我會立即以mail通知大家。」

「今天正好我手邊沒有這個數據資料。待我稍後查明清楚，再通知各位。」

類似這樣的說法。請明確告知什麼時間、會以何種方式做答覆。不可隨口說出約略的數字、或企圖隱瞞自己不甚了解的事實。這麼做會連帶影響到其他內容的可信度，也跟著大打折扣。

◀不以「有任何疑問嗎？」的問題作為話題結束

當答覆完各種問題後，

「其他還有任何疑問嗎？」……靜默……「那麼，今天到此結束。」

最後卻是如此黯然地落幕。

「今天獲得各位珍貴的提問，本人深感榮幸。」

「今天多謝各位撥出寶貴時間出席。

能夠親身感受到各位熱情的回應，使我勇氣百倍。」

如上，請務必以自己的一句話作為結語。另外，當一次接收許多問題的情況，

「這次的重點為〇〇。在此，我有三件事情想要麻煩各位協助。

請各位從有把握的部分開始做起，即使只完成一件也無妨，務必要試一試。

期待1個月後的成果分享。」

反覆申明主要訊息後再做結束！只有一行話也好、兩行話也罷，最重要的是要以自己的話語呈現，於最後再次呼應今日主要內容，才正式結束話題。

當然也有可能會遇到沒有任何問題，現場一片寂靜的情況，

「我想各位已充分明白。非常感謝各位。

那麼下週一我們於〇〇再見面吧！」

將沉默視為被理解的證明。多加補充一個資訊後，再結束話題。

一般而言，最後的一句話、最後的場景最容易留存在人的記憶裡。因此，處理落幕時應格外小心慎重。

◀面對難解的問題應「當場」與聽眾共同解決

聽眾之中也不乏有故意出題企圖考驗說話者、或盡是提出些刁鑽問題的人存在。面對這樣惡意挑釁的行為，一定要沈得住氣。以不急不徐的口吻

「如果是〇〇先生的話，您怎麼認為呢？」

反問提問者本人，或是說：

「目前我尚未找出答案，在場有沒有人想要提出不同的意見呢？」

將問題丟回其他聽眾身上。當遭遇自己所不知道、不懂的事情時，誠實爽快的回答「**不清楚**」會是最明智的選擇。

「這個字，我今天是第一次聽到。請問，KY的意思是……？」

這麼詢問對方也是OK的。當然，如果單純只是因為自己準備不周，就連最基本的問題都回答不出來的話是絕對NG！然而，能夠如此大大方方地的回答「不清楚」，倒不如說是對於自己專精的領域，有著過人自信的證據。與那些不懷好意提問的人相比，沒有隨便回答問題的你，反而更能在其他聽眾心裡留下正面印象。

然而，即便是自己仔細思考過後才做出的回應，也可能會感到信心不足，

「我認為……。由於這個問題和今日現場所有人都息息相關，等我調查更詳細之後，再以mail的方式向各位報告。」

以此做個漂亮的回答吧！如果真的非常擔心自己是否答非所問，不妨詢問對方

「不知道這樣是否有針對您的問題回覆呢？」

加以確認。如果坐視不理，任憑問題與答案彼此牛頭不對馬嘴，不但提問的人無法感到認同，也會使其他在旁冷靜聆聽的聽眾產生不好的觀感。

有時候也會遇到提問者的問題過長、且說話不著邊際，這種難以應付的場面，

「雖然不記得完整的問題內容，首先，我針對第一個問題做回答。」

說明理由之後，暫且收下問題吧！如果是同一人連續不斷發問的話，

「由於時間有限，不介意的話我希望讓其他人也有機會發問好嗎？」

同樣說明原因理由，並暫時保管問題。決不能出現：

「問題太多實在難以回答，請盡量一次只問一個問題……」

這種激怒對方的話語。

問題應答技巧講究的是應變能力。雖然大部分人都認為這個部分相當棘手，但其實有許多

人在發表時一直都很緊張，反而在回答問題時卻充滿自信……。這種情況還滿常見的。主要原因在於，若是商業性質的發表或簡報，話題全是圍繞在自己的專業領域、及負責的商品，雖然緊張是在所難免的，但卻意外地能夠侃侃而談。我在研修時也不斷建議大家一個觀念：「越早進入問題應答階段越有利」。

不論是簡報或商談，只要在最後問題應答的互動反應熱烈的話，就足以令人留下大好印象。比起一再被詢問問題，若是自己說話的時間、時而穿插其他複數以上人的聲音占整體絕大部分的話，聽眾較不會出現疲勞感。請試著挑戰看看！

你不可不知道的演說「必勝絕招」

近來，在簡報時利用POWER POINT做輔助的情況，有逐漸增加的趨勢。如果運用得當，勢必會大為提昇他人對於你的評價。然而，主角終究還是你自己本身。不能讓協助吸引聽眾耳朵的道具反客為主。

最後，下列將介紹4個重要技巧，希望各位能夠好好學會。

這些技巧不但方法簡單，且對於吸引聽眾將「眼睛」與「耳朵」專注前方，效果非常好。

◀不全部讀完螢幕上的文字

絕對不可以直接看著螢幕上播放的文章，逐字照唸。這是第一大重要的鐵則。

請指著螢幕上的列表，

「最重要的是第一項與第三項。」

說明後，空出「時間」讓聽眾自己閱讀。或者，直接點出：

「最重要的是：效率及品質。」

清楚表明其中的關鍵字。除此之外，亦可附加說明：

「這兩項同時也是本公司最主要的A客戶，強烈要求的重點工作」

這種螢幕上未書寫出來的內容。瞬間打開聽眾的耳朵，提醒他們光是瞪著螢幕是不可以的……。

◀變換投影片之前，先行預告

連續播放多張投影片時，大多數人會選擇以：

「接下來……」「緊接著……」「然後……」

這樣的接續詞來串連前後話題。對於聽眾而言，可說是無聊至極。因此，在進入下一張投影片之前，最好先以口頭預告吧！例如：

「針對世界性的狀況，剛剛已說明完畢。
關於各國進一步的詳細資訊，首先就從大家最感興趣的東京開始看起吧！」

說的同時，顯示下一張投影片。如果先更換好投影片，再說：

「那麼，接下來要說的是東京。」

但是由於聽眾早已在觀看內容，這句話反而會顯得多餘。此外，一邊說話一邊更換也是NG的行為。當聽眾注意力被視覺上的變化所吸引，耳朵便會不自覺的鬆懈下來。

重點在於：預告完即將登場的投影片之後，再更換至下一張。先行告知尚未播放的內容為何，當聽眾正懷抱著「接下來要說的是這些呀！」的期待感時，才能正式做變更。

若是與上頁投影片沒有任何關聯性的情況。深呼吸，停頓一會兒，再說：

「稍微轉換一下氣氛吧！」

「換個角度來看——」

使人產生「會是什麼呀？」的期待心情。

如果連說話者本身都不清楚「接下來播放的內容是什麼？」的話，肯定無法做出好的預告。

假設有6張投影片，**可將主要內容總結之後寫在一張A4大小的紙張上**，放在手邊的位置。

◀有效利用白板、黑板

螢幕上有文字或影像的話，聽眾很容易不小心將集中力移往該方向去。當已經不需要時，請仔細擦拭乾淨吧！

使用完投影片後，必須立即關掉。畫面一消失，聽眾的視線自然會回到你的臉部，耳朵也就隨之張開。

使用PPT幻燈片顯示時，只要長按「B」鍵即可退出；長按「W」鍵，螢幕會只留下餘燈。當然這也必須配合當時會場的照明、或現場氣氛而定，但基本上最好是結束關閉。這麼做也較能區分視覺上的強弱差異。

在簡報中使用PPT輔助時，也有人會選擇將房間所有的燈光切暗，但原則上我個人會保持開燈的狀態。

房內燈光暗著的時候，確實比較方便觀看投影片內容，然而這麼一來卻好像使螢幕變成整場簡報中的主角。此外，太暗的房間不僅令人昏昏欲睡，而且因為看不見簡報人的臉部表情，聽眾的緊張感也會逐漸消失。

為使聽眾在明亮的房間內也能輕鬆觀看，一張投影片上放入的情報需縮減集中。以超大字體寫出重點和關鍵字，再放入重要圖表的圖面，讓聽眾一目了然，其他詳細內容則以口頭說明。**適當保有『聽眾無法看見的內容』**，也是必需的。

雖然幻燈片具有各式各樣的機能，但絕對嚴禁過度使用。只顧著操作影片的話，根本就是本末倒置。畫面移動越頻繁，聽者就越不易專注在你的話語之上。

◀胸口保持朝向聽眾，並以接近畫面的該手心指引

最後一項，是關於表達的技巧。

指著螢幕時，為了讓全體人員皆能清楚看見畫面，請站立於螢幕的正旁邊，以距離畫面較近的那隻手掌做指引的動作吧！請記得將五指併攏。

除此之外，身體決不能傾向螢幕。請保持胸口朝向聽眾的姿勢，

「重點在這個部分。」

說的同時，將臉輕輕轉到該方向。

事實上，一邊看著螢幕、一邊面向螢幕說話的人非常多，這是錯誤的作法。背對聽眾的姿勢，會造成說話聲音變得模糊。

■手指螢幕時的姿勢

當投影片結束之後，請快速回到中央講台，立即恢復基本說話姿勢。若再往前幾步接近聽眾的話，聽眾會自動將自己切換至「非聽不可……」的模式。

我們必須站立於一個全體皆可看見自己、自己也能夠看見全體的中央位置上，站姿及雙手位置都必須保持基本姿勢。筆直站立，不搖晃、不亂動——**正因為不隨便晃動的關係，一有動作就會顯得格外突出，產生凝聚聽眾視線的效果。**

[LESSON 5]

【史上最強！】從今天開始實踐！

研修女王獨挑大樑參與「腳本・主演・導演」的3分鐘演說特輯

01 終於進入到實習課程。研修女王的演說示範。

面對3分鐘演說時，是否漸漸萌生一股「我可以辦到！」的自信了呢？是否也曾發出「原來如此，是這麼一回事啊！」的驚嘆，而心有所感了呢？

終於，即將邁入最後階段。

其實每一種訓練應該都是如此，特別是在發表演說或簡報的時候，自己認為「知道」「理解」的事情、與實際上「能做到」的事情之間是有差距的。光從閱讀文字來學習技巧，可能以為一切都很「簡單」，但實際操作之後才發現非常困難。因此，千萬不能輕忽大意。

但話雖如此，也不需要自暴自棄地認為「這種事情，實在太過困難……」便輕易放棄。為了幫助各位能夠更加體會到，該如何在這兩者之間取得平衡，特別附上本人製作的實際範例及解說。

在研修時，經常有受講人向我提出「請您做一次示範給我們看」的要求。但是，所謂的演說，每個人本來就應該具備自己的「獨特風格」。為了不讓大家被侷限於一個範本，截至目前為止，我還不曾做過任何的「教學示範」。

因此本章節的內容，可說是史無前例的樣本。這個並非「絕對的範例」，僅提供參考作用。在台下聆聽發表的每一位聽眾，同樣也無法透過文字來確認說話內容不是嗎？所以希望藉由我的演說示範，讓各位能夠更準確地掌握3分鐘的長度、停頓感、雙向交流感、「SIMPLE、SPEED、SELF-CONMIDENT」的技巧。

這一次，我以幾個在商業場合中常見的發表情境為例，製成7種範本。謹慎考量到每種情境的「對象」、「目的」、「狀況」差異，分別構成內容。

最後，更多加贈送一個示範。派對中的祝賀演說。

只要做好萬全準備，我相信有朝一日，你會發現自己已相當能夠侃侃而談。

現在，就讓我們來實際演練一遍吧！

02

1 朝會演說

對象

上司、同事、下屬、後輩、舊識、未來也將一同工作的每位人員。

目的

提高動力、確認共通的課題。

狀況

前一週舉辦過活動。主要課題為『問候』。

發表演說時，最重要的地方在於：是否能夠使聽眾產生「後續動作」。然而，若在朝會的演說中交付過多行動與課題的話，很容易令人感到厭煩。

盡可能以每個人都做得到的小行動、或是馬上能夠運用在今天工作上的技巧為主，作為朝會演說的重點。考量團隊的現況、課題、目標，朝「雖然微小，但立刻能夠產生幫助」的方向做提案吧！

此演說範例中的說話者設定為：上週活動中擔任領導一職的人。因對於活動會場中人員的行動感到不甚滿意，希望針對當時的缺失加以討論，以期達到改善的效果。這就是演說的主要目的。透過演說，同時也希望能夠提高聽眾的動力。

START

大家早。

上週的活動①大家都辛苦了。雖然這三天忙得天昏地暗，但很快的②已經傳來令人開心的消息。客戶端的來信，累計已經到達18封。希望與我們成為新候選合作夥伴的聯繫也有5件。一切都有一個好的開始！之後，希望各位能夠持續追蹤下去。請多加協助。

那麼，今天的朝會題目是「問候的落實」。或許稍嫌為時已晚，但在上周的活動會場，我見證了非常好的例子、同時也看到某些令人遺憾的場面。想要趁記憶猶新之時，與各位一同討論。

③大家是否還記得活動會場的接待櫃台呢？之前我也參加過好幾場活動，而這一次的接待，水準可說是相當高。不論是肢體、外型都表現的非常好，最令人佩服的一點是他們誠摯的招呼。

有發現嗎？他們在面對每一位客人時，都是注視對方的眼睛，一一打招呼問候。收到名片後，會直接以對方的姓氏如：「山田先生」「田中小姐」來稱呼。當顧客要離開時，也都個別向他們

---

①由於演說對象是非常熟識的人，因此開場白的部分可盡量簡短。在此最好使用慰勞對方的話語。

②一大早的演說，就從振奮人心的消息切入吧！藉由開心的事情，成功打開聽眾的耳朵。勿以「極為成功！」作為結束，應以事實成果為主。另外，數字的震撼力、及正確掌握情勢的能力都會令人產生信賴感，發揮打開聽眾耳朵的效果。

③提出改善方針時，應以好的案例作為開端。在此以活動會場的所有人都能夠看見的招待櫃台的女職員為例，具體舉出實例，並與聽眾共同描繪出畫面。「沒錯沒錯，她們的問候方式確實非常好」，抱持正面的共識後，進而回想自己的情況（次頁④）。按照這樣的順序說明，當出現負面的指責，聽眾會比較容易接受。

說聲「謝謝您的蒞臨」打招呼道謝。看似極為理所當然的一件事，但實際上卻有許多人無法達到。我認為這一次的活動，從入場時候開始，整場的氣氛就非常融洽。

④另一方面，比較令人遺憾的是我們自己的攤位。

大家的確也都一一打招呼問候了，但是音量太小，我想有些顧客可能壓根沒聽到。我並非說聲音越大聲越好，只是既然都打招呼了，當然希望能夠實實在在地傳達給對方知道。

相反地，我發現如果是極為熟識的常客來訪時，有些人會以異常大聲的音量去熱情的招呼他們，完全沒有顧慮到周遭還有其他的客人在場。

我深切感受到，在那種場合之下要⑤做出適切的問候，其實非常難。

正當我懷抱這種想法時，⑥正巧在週末的報紙上看到一篇新聞。

有人也看到這篇新聞了嗎？現在的外商企業似乎也回歸最基本層面，大肆提倡「禮貌運動」。就連這次接待所屬的派遣公司，

---

④傳達負面的指責時應以具體事實為基礎。就算是相同的一段話，只要用字遣辭稍有不妥，很容易招來反感。不宜直接挑明說出：這種行為「無法構成問候」！而是改以「令人遺憾」或「深切地感受到問候時的困難」等表達方式，對方會比較能夠接受。

⑥每個人都非常明白問候的重要性。因此，當話題中含有可能被誤以為是「馬後炮」的言論時，必須準備「報紙上曾……」「其他外商企業也……」這類實質證據、或具有說服力的材料。只要充分準備好題材，將能深深打動聽眾的心。

也對現場負責人透漏他們「今年開始特別致力於禮貌部分的加強訓練」。

因此，我的提案就是「徹底落實問候」。這個在報紙上也有提到，關於問候時的3個訣竅。分別是：⑦「注視對方眼睛」「稱呼姓名」「先發致勝」⑧就從今天開始實行這項規定吧！特別是身為團隊領導階級以上的各位，報紙也指出：「前輩或上司自己不打招呼，就是問題的根本所在」。因此，請各位由自身做起，帶頭示範。

下個月即將舉辦新活動。⑨希望下次我們攤位能夠成為他人的優良典範。那麼，立刻就從今天開始實踐吧！

END

⑦不能直接以「徹底落實禮貌問候吧！」作為結束。重點在於：應將實踐禮貌問候時所需的行動，具體描述出來。整理成一小句標語，必須是具有衝擊性且容易被記住的，這樣才會令人印象深刻。

⑧這是為了將球傳給關鍵人物所設計的一個手法。當獲得關鍵人物「YES」的回應後，落實問候將成為該團隊一致的課題，進而達到督促全體人員的作用。

⑨由「下一次……」的目標與「從今天開始」的一段話，督促聽眾實行。朝會演說應以聽眾的後續行動作為結語。

03

②

調職後的初次問候

職員篇

對象

新同事、上司。對上對下幾乎都是初次見面。

目的

向大家介紹自己，在新的職場環境中自我定位。

狀況

前一份工作為IT相關產業，擔任人事職務。轉換至別業種的人事部門。

轉職、調職後第一次的問候，下列將分別呈現「職員篇」與「經理篇」兩種情境。兩者皆為自我介紹的演說，但因立場不同，所應傳達的重點也有所差異。

職員的情況應以「至今曾經從事過的工作內容」為話題主軸。由於台下大部分的聽眾從今天開始將成為自己的工作夥伴，因此亦可稍微提及自我性格特質的層面。而若是**以管理身份做演說的情況下，應以「期盼打造什麼樣的工作團隊？」**等話題為主，表明今後工作或管理團隊時的基本立場是非常重要的。

「職員篇」的演說，可將灰色標註的句子替換成自身的情況，以此形式為基準進行擬稿。但是不論哪一個場景，第一印象都非常重要。為了能夠呈現出個人風格及優點，應加強本身的表達能力，並好好地修正服裝儀容、說話方式。

START

初次見面。我是今天正式進入公司報到，名字叫做大串亞由美。這個姓氏可能比較少見，大小的大加上串燒的串，合起來寫成大串。已經好多年沒有體會到當「新人」的感覺，此刻期待中又帶著一絲絲緊張。我聽聞山田處長和田中組長同樣也是在其他公司有過工作經驗，再中途轉調到公司來的，因此感到安心不少。

我想在場的每一位都是來自不同的背景，希望各位不吝給予指教，我也將善用至今所學得的經驗，展現個人能力，深切期望能夠對此工作團隊產生正面價值。

我前一份工作完全屬於不同業種，主要是在IT產業中擔任人事一職。負責的內容大多為：薪資酬勞的計算這類與數字相關以外的工作，聘任、教育、社內協調、海外派遣，總之與人才開發的相關事項大致都有過經驗。

雖然同樣都是人事職務，但換了公司，且產業也截然不同，我想會有許多差異之處。煩請大家教導我進入公司後必須遵守的規定，幫助我能早日步入軌道。同時，若我的經驗能夠對各位發揮參考作用的話，我也非常樂意與大家分享。我將徹底運用在其他公司學習到的經驗，為公司貢獻。

既然是自我介紹，我想也聊聊一些個人話題。

我的興趣是按摩……當然，是屬於接受的一方。另外還有購物、泡溫泉。聽起來好像會讓人以為我這個人壓力很大似的，但實際上，我幾乎沒有什麼壓力。有時間的話偶爾我也會去看看電影。

血型是AB型。已婚。我來自東京。星座是雙魚座。最喜歡的食物是虎屋的餡蜜（※註）。雖然外表看起來一副很會喝，好像隨時都抱著一公升酒瓶的樣子，但是只要讓我吃到甜食，就會變得很老實。

前一份工作是在日本HP時代，擔任OJT中的一員，這家公司的發源地為美國加州矽谷，我曾在HP美國總公司服務過2年左右的時間。那個時期的工作內容相當多樣化，擔任人事一職更讓我徹底學習到，傳達資訊給公司全體員工時所應採取的應對技巧。

年齡如各位所看到的樣子。專長是早起。強項是從不感冒。精力、體力都非常充沛。

第一天的自我介紹，不知道這樣的內容是否足夠呢？

如果想知道更詳細的話，我非常願意個別再跟大家聊聊。發問是「新人」專屬的特權，今後我可能有許多問題必須請教大家。懇請多多指教。

END

※註：餡蜜，一種日式點心，主要是蜜豆混和紅豆製成。

04

3

調職後的初次問候

經理篇

對象

新的屬下。幾乎都是初次見面。

目的

宣佈自己今後的管理方針，以及自我定位。

狀況

職務異動，轉調自其他事業體。

START

再一次正式地向各位打招呼，各位早安。

今天開始我將正式加入這個行列，我叫大串亞由美。

今天早上，我看到許多位初出茅廬的社會新鮮人，穿著全新的套裝，第一天正式報到。今天是4月1號沒錯吧！而我自己也穿著新套裝，跟他們一樣，或者可說是更甚於他們，懷抱著一種嶄新的心情來到公司。

正當我帶著些許緊張的心情到達辦公室後，發現辦公桌上擺著一束非常美麗的花。我真的很高興。謝謝大家。

順帶一提，我個人非常喜歡這樣子的驚喜。今後也十分歡迎。

雖然在上週進行交接時也見過幾位同事，但今天是我正式上任的第一天，我想以簡單一段話說明一下。

有幸加入前任太田處長所一手打造的最強團隊，令我感到格外戰戰兢兢。

下週的會議上我將針對今後遠景與戰略加以說明，今天我主要想向各位表明我個人的基本**做事態度。**

工作上我最重視的事情是：**完美（perfect）、個人（personal）以及熱情（passion）**。

從事一項專業工作，必須時時刻刻做好萬全準備，每一件事都必須力求盡善盡美。然而，所謂的操作手冊，應該要學會裡面所有的內容，不只是單純知道如何使用就可以了。追求完美並不等於害怕失敗。在此我所說的perfect，並不意味著分毫不差，而是「竭盡所能達到最好」的意思。

每一位工作夥伴本來就是各司其職。大家分工合作，各自做好分內的事情。如果工作時總是充滿「……這個究竟是該誰負責？」的疑問，這種工作做得再多，好像也沒有意義。我所希望的是：個人化工作。

而為了成為一名專業人士，所不可或缺的就是——熱情。缺乏熱情的工作表現，無法撼動人心。

面對顧客的時候也是、團體工作的時候也是，我認為都必須以滿腔熱血的態度去執行。

這個產業未來的情勢持續看漲，但也不需要太過慌亂、急躁，我期望與各位一同穩健地踏出第一步。

明天開始我將與每位同仁，一一進行個別面談。**希望各位能夠做好準備，具體的描述有關自己的工作內容、及今後的期望。**

讓我們一起努力成為能夠滿足每位顧客需求的「專業團隊」吧！

秉持著完美（perfect）、個人（personal）以及熱情（passion）的信念，**加強各位在工作上的磨練，為整個團隊注入新的朝氣。我認為這是我的職責所在。**

由衷感謝有此機會認識大家。

今後我們將成為非常緊密的合作關係。

請大家多多指教。

END

05

④

新年度·新年抱負

對象

企劃部員工。包括已經合作許久、以及今後也將一起工作的每一位。

目的

提高幹勁、共同達成目標、產生後續行動力

狀況

於上一年度剛推動新的企劃案。

新年度·新年……等工作節日上，身為領導者經常需要公開發表演說。然而，如果只是單方面的訓誡對方，就算領導者自己滿腔熱血的高談闊論，往往底下的人員還是不為所動。這種情況下，必須讓身為聽眾的員工也有機會發言，使他們產生參與感是非常重要的。但是如果突如其來的說：「那麼現在開始，每個人輪流站起來說一句話……」的話，會令對方感到相當困擾。因此，在一開始的時候就先好好地預告一番吧！（左頁①）

想要將年資、立場、背景都迥然不同的員工全部統整起來，就必須給予全體人員一致的工作動機。在演說時也必須考慮到這一點。（第170頁②③）。談論今後抱負的演說，千萬不能以『夢想藍圖』劃下句號，必須在結論部分具體描述希望聽眾聽到後產生什麼樣的後續行動。（第170頁④⑤）

START

各位辛苦了！每當更換新的年度時，總覺得心情也跟著緊繃起來。

今早，我也將新行事曆放進公事包內，以煥然一新的心情來上班。

去年度，我們將展開企劃案視為最優先目的。多虧各位的全力協助，企劃案得以如期啟動。但是，從現在開始才是真正勝負的關鍵。應該採取什麼動作、以怎樣的方式進行？每個動作都必須一一訂立明確的計畫。

今天是新年度的開端，首先，確認完該企劃案必須完成的任務之後，也將談談我對各位的期許。

①在最後時，我想請每個人都輪流站起來說句自我勉勵的話。請做好心理準備。

這個企劃案，在我們團隊觀望了3年之後終於開始進行。值得慶幸的是，現在的業績表現極佳，全都是託7年前播種的福，總算從前年開始長出好的果實。讓我們充分運用這段過程中所學到的智慧吧！

早一步看見未來性、定期聚集、在大家集思廣益的「熱烈討論」下完成新商品構思，這些都是這個企劃案能夠成功推動的理由。

因此，唯有一點，我特別要求的規定就是：「無限可能性」。這次的成員，不論是工作年資、年齡、性別、工作的專業性質都參差不齊。可說是相當多樣化。我希望能夠充分運用這個多樣化特質，發揮「加乘效果」，帶領我們企劃團隊邁向成功。

7年前，我們的數字還是慘不忍睹的時候，當時我們企劃組的人員，大概是多少人呢？好像只有現在的3分之1吧……。我希望②有經驗的人充分運用其經歷，無經驗的人則加強自我的經歷，大家都要「熱烈討論」來提供意見！

③對於每一位成員我所期待看到的是，大家都能擁有屬於自己的意見，並積極提出。不必擔心出錯，彼此交換想法。我希望大家有時候也能保有一絲大無畏的勇氣。但是，若只是純粹想找個發洩管道的話，便失去意義。

④大家還記得上個月我們一同參加了一個名為「讓會議有效率進行」的訓練課程嗎？我們立即開始運用看看吧！主題設定為：團隊精神的基本守則，下一回，將展開第一次的會議。而在⑤下個月3號的會議中，我想請大家各自準備3個有關如何讓企劃案有效率進行的方法，發表自己的提案。

其他還有任何問題嗎？——看樣子好像沒什麼大問題。那麼，在這之後，就請各位開始簡短地談談自己的抱負。我相當期待聽到強而有力、正面積極的內容。接下來，麻煩司儀福島先生繼續進行活動。

END

06

5

在職場下屬・後輩的
結婚宴致詞

對象

以職場關係的身份出席，但現場以不認識的人居多。

目的

社交。祝福兩位新人永遠幸福，並讓雙親安心。

狀況

從剛進公司開始，一路指導過來的屬下。

以職場上司・前輩身份發表祝賀的情況時，主要應傳達出該主角平時工作勤奮的態度，讓家人放心——這就是你的使命（第172頁①）。其他屬於個人、不為人知的有趣故事，就交由友人代表去發表致詞吧！

過於誇張的讚美話語，聽起來反而會非常掃興。不能光是說幾句：「很厲害」「極為完美」「非常努力」帶過，應具體舉出事例（第172頁②、第173頁③）。除此之外，也不要光是談論工作表現，若能稍微轉換話題的視野（第173頁④），一定能使聽眾留下深刻印象。

這種場合中，表達能力顯得格外重要。如果言行舉止表現的讓親友們認為：「能在如此可靠的人底下做事」令人安心許多的話，將是最理想的境界！

START

美樹小姐、以及白鳥先生，恭喜你們結婚了！

在此向雙方家長，獻上我由衷的祝福。

我與美樹小姐一同在ABC商社共事。我的名字是大串。自從3個月前獲知美樹小姐即將結婚的消息，我便一直期待這天的到來。就像姊姊要把妹妹嫁出去似的，從早上開始我自己也感到特別愉悅，同時，還參雜了擔心與緊張的情緒，真是一種非常奇妙的心情。

若要由我一個職場上司的立場為新人獻上祝賀，①我想向各位介紹，或許只有我才知道的「工作時的美樹小姐」是何種面貌。

第一次見到她時，約莫是五年前。當時她以一名新進人員的身份被公司安排到我所屬的部門。總之第一印象，大概只停留在部門內的一位新進人員。雖然覺得印象不錯，應該是個「直率的女孩」，但倒也沒特別注意到她。

②真正令我對她大為改觀的轉折契機，應該是發生在她首次獨立被交付一項工作任務的時候。我們部門每年都會舉辦一次展示會，邀請重要的往來客戶出席，主要目的是展出新商品，活動完成之後還會進行餐會。就像今日來到這裡的賓客一樣，公司顧客與各位的立場大致相同，簡單來說就是需要「謹慎對待」的一群人。因此，親切且細心周到的應對進退被視為基本要求。

對於一個剛進公司才1年的新人而言，或許是一個肩膀上的重擔，但我對她長期以來的工作表現寄予深厚期待，因此決定將這項任務交付給她。

結果當然是十分成功。完全不需要我操心。

憑藉著與生俱來的開朗性格，不讓人察覺地去細心照顧每位客人。除此之外，表現出相當具有商業社交的身段穿梭於活動會場③。在至今舉辦過的多場展示會中，可說是客人反應特別好的一場，對於當日銷售業績也貢獻良多。

從那次之後讓④我們公司的主要客戶，杉田先生、福村先生，完全成為美樹小姐擁護者。今天也列席其中。我到目前為止參加過好幾次後輩、屬下的結婚宴，但能成功邀請顧客來參加喜宴的情況，這還是頭一遭。

我今天第一次看到與白鳥先生站在一起的美樹小姐。與平日工作時的模樣截然不同，充滿「女人味」的另一面。原本就魅力無窮的美樹，今後應該會加倍展現出自我的獨特魅力吧！相當令人感到期待。同時也希望看到在職場上更加活躍的表現。

衷心期盼二位今後能夠攜手共度美好的每一天。誠摯恭喜二位！

END

07

⑥ 向新客戶介紹公司

（對象）

初次見面的新客戶。

（目的）

使客戶了解我們公司的優勢，並產生興趣。進而推動下個階段。

（狀況）

針對對方（外商企業）的人才培育計畫提案。首次拜訪。

將發表演說的場景設定為：研討開發新企劃，對方審慎評估中的「數家公司中的其中一家」。雖然尚處於候選階段，但以我方立場而言，非常希望建立合作關係——因此，首先必須讓客戶了解我們公司，作為這次演說的主要目的。

最常見的一種錯誤情況，就是一開始便冷不防地吹捧自家公司，只會不斷強調「我們會努力！」、「什麼事都可以做！」的話，根本沒有人願意聆聽。開場時所要傳達的事項應該是：「專為對方設計，完全是有備而來」的誠意。

創造雙向交流感也極為重要。發表演說時，不能光是自顧自地說話「給對方聽」，應該將問題的球投擲出去，表現出「我也想聽聽您的看法」的誠懇態度！最後結語的部分也要特別注意，盡量加入具體化的後續動作，「牽涉到下次內容的結論」是非常重要的。

START

早安。

今天非常感謝您百忙之中抽空與我見面。我是來自GLOBALINK公司的大串亞由美。

①早在很久以前開始，我便對貴公司的行銷經營感到相當有興趣，對於貴公司開辦的各種活動也持續保持關注。這一次，有幸獲得提案的機會，我感到非常開心，也深表光榮。

我與山田組長已經交涉過好幾回，因此我能夠深深體會到②這一次的企劃案對於貴公司的意義是多麼的重大。

由於今天是初次來到貴公司進行簡報，首先我想針對我公司的基本概要、以及目前為止的實績做簡單說明，同時也希望聽聽貴公司所主張的課題與需求為何。

③不知道是否方便？——非常感謝。

我們公司目前主要服務的業務範圍大致橫跨3個層面。

---

①商業性的談話最忌諱過度的客套、謙卑。不需要刻意吹捧對方，應該以禮貌、尊重的一段話作為話題開端。

②在這種發表情境下，能成功使聽眾豎耳聆聽的關鍵在於：真誠站在對方的立場設想。要讓聽眾產生：「這個人很清楚了解我們的狀況」的心理，為此我們必須做好萬全的準備。

③與一般的簡報相比，必須製造更多讓對方發聲、以及表示回應的機會。預告接下來將正式進入話題時，先以「確認性的問題」徵詢意見。

有從事開發、提供人材培育的研修計畫。以及提供需求掌握、取決優先順序的顧問服務。④最後一項可能是貴公司最感興趣的：品牌導向之神祕顧客計畫。

非常湊巧地，我們公司自創業以來所服務的顧客大多為知名高級品牌，而原本這個是以尋求研修課題為目的才偶然展開的業務，沒想到卻意外地廣受好評，至今已然成為公司的主要棟樑。

全日本的研修公司總數大約有5萬家。各自皆有其擅長、不擅長的領域，因此，⑤我們公司不能說在所有項目中都有傑出表現。但我認為考量企業主各自需求的不同與公司風氣之間的協調性，應該才是挑選合作對象時的關鍵所在。

⑥我們的優勢在於：「手創、效率、柔軟性」。當然，若是非常基本的企劃案我們絕對有信心提供，並在細節方面配合各個客戶的需求，柔軟地應對。過程可能較為耗時，但在事前我們會先舉辦一場聽證會，最終才會整理出一個專為貴公司所設計的課程計畫。

---

④專為此對象所準備的一段公司介紹。重點並非要鉅細靡遺地說明公司事業內容，而是要找出對對方有益處的部分來說。

⑤會說出「我們什麼都可以做！」這種話，才是無法雀屏中選的主因。應主動提供對方「不選我們」的理由選項，同時積極傳達出自己公司的優勢，以這個部分來打動對方！

⑥為了加深聽眾對於自己公司優勢的記憶，表達時可將重點濃縮成三個關鍵字。趁關鍵字還言猶在耳之時，以一個「共同目標」與對方的話相互連接。另外，不斷重覆關鍵字（次頁⑦）也是重點之一。

我已經參訪過貴公司旗下幾家店舖。我深刻感受到⑦「手創、效率、柔軟性」的理念是我們共同追求的目標。⑧我準備了幾個具有代表性的課程規劃，請各位確認手邊的資料是否完整。

我將以今日的談話內容為主，擬出3種研修課程計畫。我聽說這個企劃案在下半期才要開始實施。⑨為了讓貴公司有更寬裕的時間做選擇，我大約在3月初時就會將課程計畫書帶來。⑩這樣的話，時間上來得及嗎？

⑪到目前為止，請問各位還有沒有其他問題呢？之後如果⑫有任何問題，也歡迎隨時與我聯繫。今天真的非常感謝大家。

END

---

⑧大致說明完成之後，這個時機差不多可以進入投擲動作。讓聽眾稍微移動手指或視線，藉此活絡現場沈靜的氣氛。

⑨不能夠光以「敬請各位多加參考」、「有機會的話，請務必讓我們效勞」作為整段話的結束。補充以對方立場出發的原因理由，並提出連接至下回的具體後續行動。為了避免自己任意決定提案的情況發生，最後請別忘記多加一句確認性的話語（⑩）

⑪結語部分不能只說「感謝各位的聆聽」，而用類似「隨時與我聯繫」（⑫）這類促進提問的話語，以充滿雙向性的後續行動作為結束。今天的談話最終能否成功建立起合作關係，端看最後的這30秒。

08

7

社內晉升面試的自我推薦

對象

上司・人事負責人。

目的

傳達自我實績、發展性、以及抱負。強調自己符合晉升條件，使對方接納。

狀況

業務部門。入社10年，參加主任職務之晉升面試。

成功地將個人資質、能力完整表達出來，擁有自我推薦能力是職場上所不可或缺的！絕對不可出現「像我這種人……」如此看輕自己的話語，也不可以一個勁地「我做過這個、也做過那個」一一列舉出自己的豐功偉業。

將這個發表場景設定為：參加經理晉升面試。應以工作上的成果與事實為基礎，表達出認為自己符合身為一個經理的資質、要件之理由。類似：**並非自己所負責的工作，但是能夠以更高遠的角度來觀看整體**。或者是：工作時不僅是考慮到自己的團隊，也會將其他團隊也一併納入考量。請仔細思考，在參加晉升面試時，上司或公司對於自己的要求會是什麼呢？盡可能表達出自己確實具備身為更上階的資質與視野！

START

早安。我是營業本部一部一課的大串亞由美。

這一次能夠獲得晉升考試的機會，真的非常感謝。雖然感到有點緊張，今天主要針對我們團隊平時的工作情形做簡單介紹，**且難得有機會直接面對各位監察員**，因此我想將今後工作上所面臨的課題向各位報告。

礙於3分鐘的時間限制，我將僅針對重點的部分做說明。**首先，我想簡單介紹一下我個人的經歷、現今的業務內容、近期成果、以及今後的重點課題**。配合已經分發至各位手中的資料，一邊進行說明。

雖然最後會有5分鐘的提問時間，**但中途如有任何不明白的地方，請隨時提出**。

進入公司以來，我一直任職於營業部門。我在關東分社待過5年、東京分社待過3年時間，從2年前開始正式轉移至營業本部。在關東分社時大多負責大型客戶、而在東京分社時主要是負責中小型客戶。分別成功協助他們提高約30%、35%的業績成長率。在營業本部我主要負責新客戶開發的業務，並擔任團隊領導一職。舉辦活動時，過去待在分社時所學習到的『現場直覺』對我幫助很多。

在我們的工作團隊，更是引進一個開發新客戶的全新管道，即是網際網路的活用。籌備時間大約半年，終於在去年底時漸漸開始看到成果。在開發新客戶時當然不用說，但透過這個系統，我們能夠與二課的既存客戶水平展開接洽。關於具體的結果，請各位參考手邊資料第5頁~第6頁的部分。

這一次企劃案的成果，除了新開發的客戶之外，也包括透過2課獲得的既存客戶所下的訂單，但比起這些更重要的是——**多虧全體人員的高度團隊意識，才能夠成功建立這個新系統**。在這個5人團隊中，每個人各自發揮其優點，不但完成時間遠比我們所預期還要更快、且系統的精密度遠比我們想像中更高。

今後，我希望擴大至整個營業本部都能夠充分利用此系統，提昇整體水準。而目前我們最優先的課題為交貨日期的管理方面。因此各負責人定期性的聚集起來，彼此交換情報、討論各自的想法，期盼能夠創造出第2個、第3個成功事例。具體計畫都已詳細整理在各位手邊資料中的最後一個部分。

我認為部門營運尚有很大成長空間，大家對於這項認知也都表達強烈熱情。

我將努力不懈地帶領整個團隊更加同心協力，藉由柔軟性的構想與實際行動力繼續往前邁進。

今天真的非常感謝各位。

END

09

附加 8

在顧客的慶祝會上致詞

對象

客戶、客戶的下游客戶、其他同業公司。

目的

在喧鬧的環境中，使慶祝的氣氛更加熱絡。

狀況

熟客的創立50週年慶祝紀念會。以賓客身份簡單致詞。面對無心聽話的人群，快速結束問候。

最後附贈一個簡短的發表示範。場景設定為——主要往來顧客創立50週年紀念會中，被要求上台「致詞」的情況。

這種狀況下的演說，通常都是越簡短越有利。**迅速地登場、迅速地說完、迅速地下台**。令人感到耳目一新。

然而太過簡短的話，不免給人一種冷淡的感覺，無法完整傳達出祝賀的心意。我所示範的致詞，時間大約是1分鐘。請依此作為標準，自行斟酌。

這種致詞，許多都是當場才突然被點到名字。為了避免被指名時感到慌張失措，請先在腦子裡模擬一次吧！若在致詞時掌控得宜，不但能取悅客戶，也會讓在場眾多賓客記住你的名字。

START

我是剛剛被介紹到的，來自GLOBALINK公司的大串亞由美。

這次，適逢A公司創立50週年，在此衷心表達我的祝賀之意。真的非常開心在如此值得紀念的一刻，我們能夠在工作上有一同合作的機會。有幸獲邀參加這個慶祝宴會，也讓我感到光榮之至。

在會場中我也看到了許多熟悉的面孔，這10年來，與A公司同心協力合作過許多工作的記憶，頓時也湧上心頭。

特別是，第一代負責人的大澤先生，在商業上的成果當然不用多說，但同時也獲得他許多工作之外的提拔。看到這次聚集在此的賓客人數，更讓我重新見識到，A公司營業規模有多麼龐大。

今後也期盼能夠繼續與貴公司一同充實、快樂地工作。

期許下次的週年紀念亦能獲邀出席，我本身也將更加精進自我能力。再次恭喜您。

由衷獻上祝賀！

END

10 尾聲・後記

如何呢？有沒有獲得明天立刻能夠派上用場的方法了呢？

演說，其實沒有所謂「真正絕對！」的模式。

儘管是「支支吾吾」，卻也可能打動人心。我認為每個人都應該保有自己的特質。一場能夠被記住臉、充滿個性光芒、使人對自己名字留下記憶的演說，是我一直努力的目標。

「是誰來著？上個禮拜、來打過招呼那個人是……」這種發表，不論重複幾次還是無法傳達真正的意圖。完全毫無意義。

然而，所謂的能被記住臉、具有個性、自我風格這件事，與強烈個人習慣之間並不能劃上等號。

演說的基本構成、表達技巧，各位是否已再三確認過了呢？

「不擅長說話」、「站在大眾面前會腦筋一片空白」──經常聽到這種煩惱。其實煩惱每個人都會有，即便是一個若無其事說著話的人，或多或少肯定也會感到一絲緊張與不安。

端看自己要當場宣告結束，還是選擇回過頭來反省檢討、不斷練習，這關係到下次演說自己能否進步，宛如面對一條分岔路。

為此，基本的確認與練習是不可或缺的要素。沒有任何人在毫無準備、練習之下，就能夠輕輕鬆鬆完成發表。但也有不少是已經做好萬全準備，卻終究無法使對方明白的情況。

到目前為止，我擔任過許多人的簡報訓練指導師。

沒有任何人不會進步。

實際上，我也曾有過認為「這個人恐怕很難改變」，連自己都想要放棄他的想法產生，但結果證明只要本人發自真心想要進步，接受反饋並認真地練習，最後一定能夠獲得改善。當實際嚐到變化帶來的成果，自己也越來越有信心，當機會來臨時再也不會退縮不前。在許多情況之下，只要能夠勇於自我推薦，就等於抓住一半機會。

怎麼樣呢？是不是多少加深期待了呢？

至少，感到棘手的想法減輕不少了吧！

我自己，身為一名講師的目標，其實就是希望各位都能「澈底消除在人前說話感到吃力的想法」。當然，這不僅僅是為了說話的各位，也是為了廣大的「聽眾」著想。

尤其是在職場上發表演說時，聽眾並非出於喜歡才聆聽著你的說話。多半是在百忙之中抽空出來聆聽。如果說話者自己都抱持著「好辛苦……想要逃回家」的想法，那麼被迫聆聽這種內容的聽眾豈不是更加不幸！

試著從聽眾的角度出發，以追求Win-Win雙贏局面為考量，肯定會好轉起來！

下一次的演說是何時呢？明天嗎？沒問題！絕對來得及。

從第一課開始快速複習一次吧！

非常感謝各位的參與。

終於順利畢業了！恭喜大家！

PROFILE

大串亞由美

グローバリンク株式會社執行董事。曾於日本HP惠普公司人事部任職達14年。
主要負責人員僱用・教育訓練；擔任過女性生涯規劃的主導、海外派遣專案經理、人事協商專案經理・職員意見調查企劃主導…等職務。期間曾調派至美國加州HP惠普總公司，參與人事部門的相關工作，同時學習國際協商技巧。

其後，暫時轉職至顧問公司，終於在1998年創立グローバリンク。以「國際化人才運用・人才培訓」為最高宗旨，業務範圍包括：異文化溝通協調、管理、待客販售…等各方面，從事多元化商業溝通的企業・團體研修、以及人才養成研修的顧問。

已達成連續八年、每年超過250天的研修實績。在2006年時，更創下「一年277天」的新紀錄。

主要客戶包括：CHANEL、虎屋、Ferragamo、住友重機械 、雅詩蘭黛集團、明治乳業、日本甲骨文（ORACLE）、京王電鐵、SONY Marketing、GAP JAPAN、三井不動產、NEC SOFT 、凸版印刷、新生銀行…等，超過150家以上的公司。

著有『交涉力--15秒抓住對方，90秒搞定一切』『一句話打動對方的營業決斷力』等書。

http://www.globalink.jp

超人脈術，
遇見我的百萬美金貴人！

拓展有力的人脈，享有美滿的工作與人生！

古語説聚沙成塔、集腋成裘，一個人的能力有限，透過眾人的齊心力量則無窮。在人生或商場上打滾，絕對不能孤軍奮戰，多多結識新朋友、拓展新關係，一定能在遇到困難的時候給妳適時地幫忙。現在開始經營你的人脈存摺，你也可以享受人生與工作上的喜悦。

13×19cm　224頁　定價200元　單色

超領導力，
不罵人也能管好生產現場！

一個好的現場領導人，可以提升作業環境的效率、達成上級交付的任務，並且使得生產現場井然有序的運作。因此強化領導力，就是身為第一線的主管所應具備的基本能力。只要掌握領導力，就能全面進化為具有競爭力的生產現場。

13×19cm　192頁　定價200元　單色

超行動力，
夢想「動」起來　不要「凍」起來！

本書主要闡述「行動力」的重要性。對於現在人光説不練、光想不做的習性，提供實質的建議。身體動了、心就跟著動了起來！擺脱拖泥帶水的不良習慣、捨棄裹足不前的諸多藉口；搶得先機，掌握致勝的關鍵，行動力就是你的超能力！

13×19cm　176頁　定價200元　單色

辦公室應用叢書

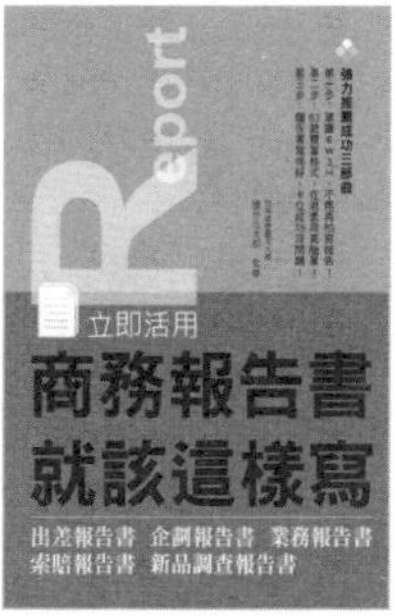

商務報告書就該這樣寫

本書作者以淺顯易懂的方式，詳細的條列報告書的要件與構成，並且依照不同的情況撰寫適合的報告書。不論是商業往來書信、業務報告書、營業報表……等等，清楚的説明各種文書撰寫的要點，讓剛進入企業的新鮮人可以馬上進入狀況。

15×21cm　176頁　定價250元　單色

圖解超高效資料整理術

整理，乃是為了「孕育出新事物的破壞活動」。它和單純移動、放置場所的整頓（＝收拾）本質上是完全不同的。本書是從這一觀點出發，希望各位學會整理的基本動作，重新審視「所謂的整理是什麼」，相信必定可以讓您的工作或人生更具意義。

13×19cm　160頁　定價180元　單色

圖解超高效客訴處理術

沒有客服不了的問題！

強化客訴應對的能力，是企業在危機管理時不可或缺的優先課題。

遵循本書『魔力3步驟』，搭配簡明輕鬆的圖解，讓您迅速掌握有效的客訴處理流程，成為彈指轉化危機、散發專業魅力的客服人員！

13×19cm　176頁　定價200元　雙色

購書優惠服務，請洽e-order@rising-books.com.tw 或 TEL：02-29453191

TITLE

超表達力，說得「懂」也要說得「動」！

STAFF

出版　　瑞昇文化事業股份有限公司
作者　　大串亞由美
譯者　　李家綺

總編輯　　郭湘齡
文字編輯　　王瓊苹、闕韻哲
美術編輯　　朱哲宏
排版　　靜思個人工作室
製版　　明宏彩色照相製版股份有限公司
印刷　　福霖印刷企業有限公司

戶名　　瑞昇文化事業股份有限公司
劃撥帳號　　19598343
地址　　台北縣中和市景平路464巷2弄1-4號
電話　　(02)2945-3191
傳真　　(02)2945-3190
網址　　www.rising-books.com.tw
Mail　　resing@ms34.hinet.net

初版日期　　2010年1月
定價　　200元

國家圖書館出版品預行編目資料

超表達力，說得「懂」也要說得「動」！／
大串亞由美作；李家綺譯.
-- 初版. -- 台北縣中和市：瑞昇文化，2010.01
192面；12.8×18.8公分

ISBN 978-957-526-916-6 (平裝)

1.說話藝術　2.口才　3.人際傳播

192.32　　98023822